essentials

essentials liefern aktuelles Wissen in konzentrierter Form. Die Essenz dessen, worauf es als „State-of-the-Art“ in der gegenwärtigen Fachdiskussion oder in der Praxis ankommt. *essentials* informieren schnell, unkompliziert und verständlich

- als Einführung in ein aktuelles Thema aus Ihrem Fachgebiet
- als Einstieg in ein für Sie noch unbekanntes Themenfeld
- als Einblick, um zum Thema mitreden zu können

Die Bücher in elektronischer und gedruckter Form bringen das Expertenwissen von Springer-Fachautoren kompakt zur Darstellung. Sie sind besonders für die Nutzung als eBook auf Tablet-PCs, eBook-Readern und Smartphones geeignet. *essentials:* Wissensbausteine aus den Wirtschafts-, Sozial- und Geisteswissenschaften, aus Technik und Naturwissenschaften sowie aus Medizin, Psychologie und Gesundheitsberufen. Von renommierten Autoren aller Springer-Verlagsmarken.

Weitere Bände in der Reihe http://www.springer.com/series/13088

Ulf von Krause

Das Zwei-Prozent-Ziel der NATO und die Bundeswehr

Zur aktuellen Debatte um die deutschen Verteidigungsausgaben

Springer VS

Ulf von Krause
Königswinter, Deutschland

ISSN 2197-6708 ISSN 2197-6716 (electronic)
essentials
ISBN 978-3-658-23412-6 ISBN 978-3-658-23413-3 (eBook)
https://doi.org/10.1007/978-3-658-23413-3

Die Deutsche Nationalbibliothek verzeichnet diese Publikation in der Deutschen Nationalbibliografie; detaillierte bibliografische Daten sind im Internet über http://dnb.d-nb.de abrufbar.

Springer VS

Springer VS ist ein Imprint der eingetragenen Gesellschaft Springer Fachmedien Wiesbaden GmbH und ist ein Teil von Springer Nature
Die Anschrift der Gesellschaft ist: Abraham-Lincoln-Str. 46, 65189 Wiesbaden, Germany

Was Sie in diesem *essential* finden können

- Entstehung und Verbindlichkeit des Zwei-Prozent-Ziels (2 % vom BIP für die Verteidigung)
- Kritik an der inputorientierten Messgröße ohne innere Logik
- Auswirkungen der chronischen Unterfinanzierung der Bundeswehr seit den 1990er Jahren auf Umfang und Einsatzbereitschaft der Streitkräfte
- Durch Druck der USA gestiegene politische Wirkung der fragwürdigen Messgröße mit Einflüssen auf den Wahlkampf 2017 und auf die Finanzplanung
- Möglichkeiten und Grenzen einer raschen Steigerung der Verteidigungsausgaben

Inhaltsverzeichnis

Über den Autor

Dr. Ulf von Krause, Schönsitzstraße 2, 53639 Königswinter, ulfvonkrause@t-online.de.

Ulf von Krause (74) ist Publizist. Er war 42 Jahre lang Berufssoldat, studierte Wirtschaftswissenschaften und war zuletzt als Generalleutnant in führender Position in die Vorbereitung deutscher Auslandseinsätze eingebunden. Danach studierte er Politikwissenschaft. und promovierte über die Entscheidungsprozesse zu den Afghanistaneinsätzen der Bundeswehr. Er publiziert zu Themen an der Nahtstelle zwischen Politik und Militär, u. a. über die Parlamentsbeteiligung bei Einsatzentscheidungen, die Rolle der Bundeswehr als Instrument deutscher Außenpolitik und über Einsätze der Bundeswehr im Innern.

1 Lieber sechs Prozent für Bildung als zwei Prozent für Rüstung?

Das Thema einer fairen Lastenteilung zwischen den USA und den europäischen NATO-Partnern ist so alt wie das Bündnis selbst. Wiederholt gab es in den 1960er, 1970er und 1980er Jahren Initiativen im US-Kongress, die amerikanischen Truppen in Europa zu reduzieren, um so die europäischen Bündnispartner zu einer Erhöhung ihrer Verteidigungsanstrengungen zu bewegen. Beispielhaft hierfür seien die Initiativen der Senatoren Mike Mansfield oder Sam Nunn genannt. Die Debatte um die Höhe der Verteidigungsbudgets nahm nach dem Jahr 2000 erneut an Schärfe zu (Kalnins 2017:2 f.).

So konnte es nicht verwundern, dass der neue US Präsident Donald Trump bei seiner ersten Teilnahme an einem NATO-Gipfel im Mai 2017 forderte:

> Die Nato-Mitglieder müssen endlich ihren gerechten Anteil beitragen und ihre finanziellen Verpflichtungen erfüllen … 23 der 28 Mitgliedsstaaten zahlen immer noch nicht das, was sie für ihre Verteidigung zahlen sollten.[1]

Diese Feststellung bezog sich auf einen Beschluss des NATO-Gipfels vom 04./05.09.2014 in Wales, der einen Richtwert für die Verteidigungsausgaben der Mitgliedstaaten von 2 % formulierte. Auch Trumps Amtsvorgänger Barack Obama hatte diese Forderung auf dem Gipfel in Warschau 2016 bekräftigt.[2]

[1]Trump fordert von Partnern massive Nachzahlungen. Zeit Online vom 25.05.2017 (Zugriff: 20.05.2017).

[2]Obama fordert von NATO-Partnern höhere Verteidigungsausgaben. SZ.de vom 09.07.2016 (Zugriff: 20.05.2018).

U. von Krause, *Das Zwei-Prozent-Ziel der NATO und die Bundeswehr*, essentials, https://doi.org/10.1007/978-3-658-23413-3_1

Spätestens mit dem Wahlkampf 2017 entbrannte in Deutschland eine breite Debatte um die Realisierung dieser Zielformulierung. Nach dem Treffen der NATO-Außenminister im März 2017 erklärte Außenminister Sigmar Gabriel:

> „Ich halte es für völlig unrealistisch zu glauben, dass Deutschland einen Militärhaushalt von über 70 Milliarden Euro pro Jahr erreicht".[3] Und er formulierte provokativ: „Meine Forderung wäre: Lieber sechs Prozent für Bildung als zwei Prozent für Rüstung"[4]

Dieses *essential* beleuchtet die Entstehung des Zwei-Prozent-Ziels der NATO, geht auf seine rechtliche und politische Verbindlichkeit ein, skizziert wesentliche Trends in der Entwicklung der Verteidigungsausgaben in Deutschland in den letzten zwei Jahrzehnten und beleuchtet die politische Debatte zwischen Deutschland und der US-Führung sowie in der deutschen Innenpolitik, insbesondere im Wahlkampf 2017 und nach der Regierungsbildung 2018. Abschließend wird auf die Bedeutung einer Steigerung der Verteidigungsausgaben in Deutschland eingegangen, vor allem vor dem Hintergrund des Zustandes der Bundeswehr.

[3]Gabriel rebelliert gegen Tillerson. Spiegel Online vom 31.03.2017 (Zugriff: 20.05.2018).

[4]Gabriel wirft CDU und CSU „Unterwerfung" unter Trump vor. Welt Digital vom 04.08.2017 (Zugriff: 20.05.2018).

2 Die Beschlüsse von Wales 2014 zum Zwei-Prozent-Ziel

Wie vorstehend andiskutiert ist die Problematik der Höhe der Verteidigungsausgaben im Vergleich zu den Bündnispartnern in keiner Weise neu. Immer wieder wurde seitens der US-Politik ein faires „burden sharing“ eingefordert. Ein Vorläufer der derzeit relevanten Verpflichtung von Wales 2014 geht bis in das Jahr 2002 zurück.[1] Als die baltischen Staaten sowie Bulgarien, Rumänien und die Slowakei eingeladen wurden, Mitglieder der NATO zu werden, formulierte das Bündnis in einem „Membership Action Plan“ als eine Bedingung für die Aufnahme, einen angemessen Anteil („sufficient resources“) in die Verteidigung zu investieren. Als Kriterium wurde ein Richtwert von zwei Prozent des BIP zum Zeitpunkt des Beitritts formuliert. Diese „Vorgabe“ für die Beitrittskandidaten nahm insbesondere die US-Administration zum Anlass, im Vorfeld des Prager Gipfels im November 2002 darauf hinzuwirken, dass dieses auch für die Mitgliedstaaten gelten müsse, u. a., um gegenüber den Beitrittskandidaten glaubwürdig zu erscheinen. Allerdings implizierte der dann beschlossene Richtwert keine rechtlich bindende Verpflichtung, er wird in verschiedenen Analysen als „non binding reqiurement“ bzw. als „gentlemen’s agreement“ qualifiziert (WD Bundestag 2017:1 f.).

[1] Allerdings gab es auch schon vorher andere Zielgrößen, so die Verpflichtung zu einer jährlichen Steigerung der Verteidigungshaushalte um 3 %, auf das sich die NATO-Mitglieder 1977 geeinigt hatten (Williams 2008).

U. von Krause, *Das Zwei-Prozent-Ziel der NATO und die Bundeswehr*, essentials, https://doi.org/10.1007/978-3-658-23413-3_2

Eine erste Festschreibung des Zwei-Prozent-Ziels in einem Policy-Dokument der NATO erfolgte mit der „Ministerial Guidance“ vom 7. Juni 2006. Der Wortlaut war aber wiederum nicht so, dass daraus eine rechtliche Bindungswirkung abgeleitet werden konnte.[2] Und auch im Abschlussprotokoll des nachfolgenden Gipfels in Riga im November 2006 fand die Zielvorgabe keine förmliche Bestätigung (WD Bundestag 2017:2). Folgerichtig sprach NATO Generalsekretär Jaap de Hoop Scheffer auf der Münchener Sicherheitskonferenz 2007 von einem „informal benchmark of two percent defence spending of our gross domestic product“ (ebenda:3).

Die signifikanten Veränderungen der Sicherheitslage in Europa – Stichworte: Krim-Annexion, Ukraine-Krise – führten zu einem Umdenken in der NATO in Richtung einer stärkeren Betonung ihrer Fähigkeiten zur Abschreckung und Bündnisverteidigung (Kamp 2016:2 f.). Dadurch erlangte das Zwei-Prozent-Ziel eine erhöhte Relevanz. In der Abschlusserklärung des Gipfels in Wales vom 05.09.2014 einigten sich die Staats- und Regierungschefs auf ein sog. „Defence Investment Pledge“ (ebenda:3). Dieses beinhaltete, man werde im Zehnjahreszeitraum einen Verteidigungsanteil am BIP von 2 % anstreben („will aim to“) und dabei 20 % der Verteidigungsausgaben für neue Ausrüstung bzw. Ausstattung investieren. Auch dieser zweite Zielwert enthält die Bemühensklausel „will aim to“. Allerdings formuliert dieser Abschnitt der Schlusserklärung nicht

[2]Es hieß dort: „Allies who currently devote to defence a proportion of GDP which is at or above 2 % should aim to maintain the current proportion. Nations whose current proportion of GDP devoted to defence is below this level should halt any decline in defence expenditures and aim to increase defence spending in real terms within the planning period.“ DPC-D(2006)0004, Ministerial Guidance vom 7. Juni 2006 (zit. nach WD Bundestag 2017:2 FN 8).

nur das Zwei-Prozent- bzw. das Zwanzig-Prozent-Ziel, also Input-Größen, sondern im letzten Absatz auch Effizienzziele,[3] was in der öffentlichen Debatte selten erwähnt wird. Auf diese wird im nächsten Abschnitt zurückzukommen sein.

---

[3]Der offizielle Text lautet: „14. We agree to reverse the trend of declining defence budgets, to make the most effective use of our funds and to further a more balanced sharing of costs and responsibilities. Our overall security and defence depend both on how much we spend and how we spend it. Increased investments should be directed towards meeting our capability priorities, and Allies also need to display the political will to provide required capabilities and deploy forces when they are needed…

- Allies currently meeting the NATO guideline to spend a minimum of 2% of their Gross Domestic Product (GDP) on defence **will aim to** continue to do so. Likewise, Allies spending more than 20% of their defence budgets on major equipment, including related Research & Development, will continue to do so.
- Allies whose current proportion of GDP spent on defence is below this level will:
  - halt any decline in defence expenditure;
  - **aim to** increase defence expenditure in real terms as GDP grows;
  - **aim to** move towards the 2% guideline within a decade with a view to meeting their NATO Capability Targets and filling NATO's capability shortfalls.
- Allies who currently spend less than 20% of their annual defence spending on major new equipment, including related Research & Development, **will aim,** within a decade, to increase their annual investments to 20% or more of total defence expenditures.
- All Allies will:
  - ensure that their land, air and maritime forces meet NATO agreed guidelines for deployability and sustainability and other agreed output metrics;
  - ensure that their armed forces can operate together effectively, including through the implementation of agreed NATO standards and doctrines.“

Quelle: https://www.nato.int/cps/ic/natohq/official_texts_112964.htm, Hervorhebung UvK, (Zugriff: 16.05.2018).

3 Zur (Un-)Brauchbarkeit des Kriteriums „Anteil der Verteidigungsausgaben am Bruttoinlandsprodukt"

Abb. 3.1 zeigt die Verteidigungsanteile am BIP der NATO-Mitgliedstaaten in den Jahren 2014 und 2017. Es wird deutlich, dass die meisten Staaten das Zwei-Prozent-Ziel z. T. deutlich verfehlen. Lediglich die USA, Griechenland, Großbritannien und Polen erfüllten 2017 das Kriterium. Deutschland liegt mit knapp 1,25 % weit unter dem Zielwert.

Ehe vertieft auf die politische Debatte über diesen Befund eingegangen wird, soll die Brauchbarkeit bzw. Aussagekraft des Kriteriums „Zwei-Prozent-Ziel" diskutiert werden. Zu Recht weist ein ehemaliger Präsident der Bundesakademie für Sicherheitspolitik darauf hin, dass das Führen mit sinnvollen und messbaren Zielen modernem Management entspricht, was auch für Streitkräfte erforderlich ist. Je einfacher dabei die Kennzahlen seien, desto stärker könnten ihre Wirkung sein. Allerdings betont er, dass sie „Sinn machen" müssten, also das Entscheidende messen und im Ergebnis logisch interpretierbar sein. Und er fragt: „Misst das Zwei-Prozent-Ziel tatsächlich das Entscheidende"? (Lahl 2017:22).

Betrachten wir das Zwei-Prozent-Ziel unter diesen Aspekten, so drängen sich eine Reihe von kritischen Anmerkungen auf. Der erste gewichtige Kritikpunkt ist, dass zwischen der Sicherheitsvorsorge und dem BIP keine zwingende kausale Beziehung besteht (ebenda). Der Bedarf an Sicherheitsvorsorge wird durch geostrategische Faktoren, durch die Perzeption von Risiken und/oder Bedrohungen, potenzielle Kontrahenten, eigene macht- und außenpolitische Zielsetzungen, aber auch durch Kooperationsmöglichkeiten mit Partnern beeinflusst. Die Ausgaben eines Staates für sein Militär werden in einem solchen Geflecht von Einflussfaktoren durch politische Entscheidungen festgelegt. Die Verknüpfung der Militärausgaben mit der Gesamtwirtschaftsleistung erscheint dabei willkürlich. Sinkt in einer Rezession das BIP, so steigt – bei gleichbleibenden Militärausgaben – die Kenngröße „Verteidigungsanteil am BIP". Dieses erklärt u. a. den

U. von Krause, *Das Zwei-Prozent-Ziel der NATO und die Bundeswehr*, essentials, https://doi.org/10.1007/978-3-658-23413-3_3

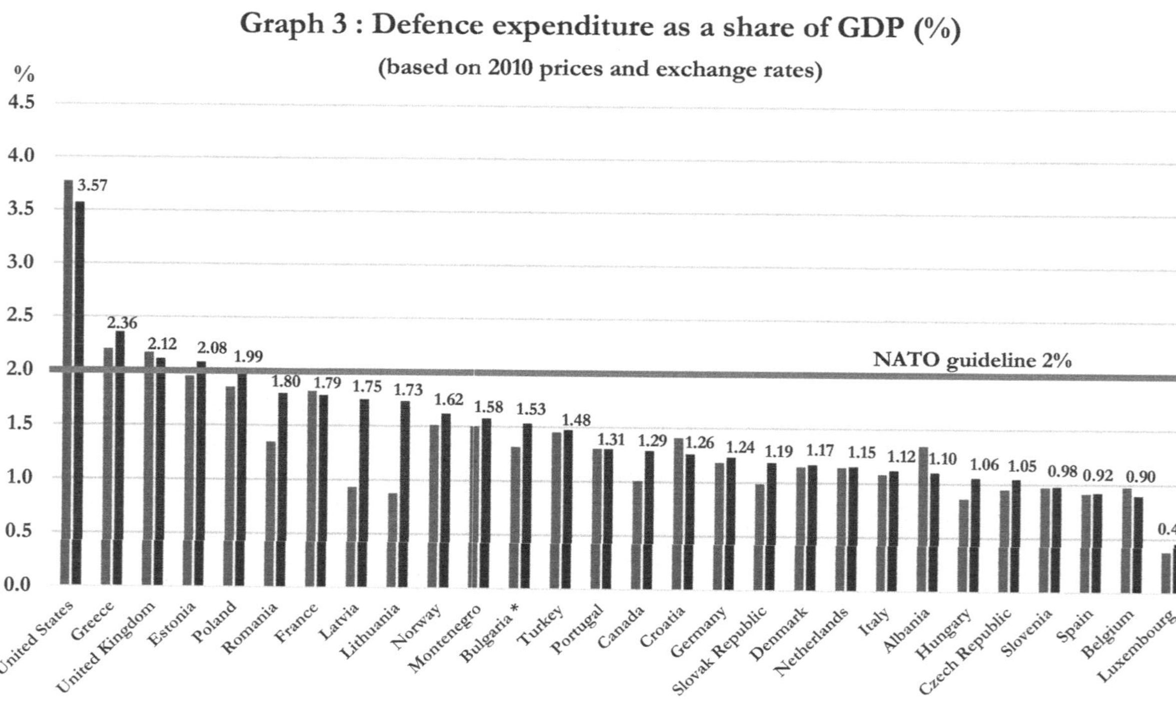

Abb. 3.1 Anteil der Verteidigungsausgaben am Bruttoinlandsprodukt 2014 und 2017. (Quelle: NATO 2018:3)

in Abb. 3.1 ablesbaren relativ hohen Wert von Griechenland im Vergleich zu Deutschland. Die folgende Formulierung bringt es auf den Punkt:

> The absurdity reaches its peak when NATO congratulates Greece for its defense spending while the state is almost bankrupt. Greece adheres to the 2 percent target only by virtue of the fact that its GDP sank faster than defense expenditure in the context of an impending sovereign default—as is rarely acknowledged (Major 2015).

Im wirtschaftlichen Aufschwung, also bei steigendem BIP und gleichbleibenden Verteidigungsausgaben, sinkt hingegen diese Kenngröße. Und dann zu fordern, dass die Militärausgaben steigen müssten, um der sinkenden Kenngröße entgegenzuwirken, wäre nur in einer besonderen Fallkonstellation logisch, wenn nämlich die Verteidigungsausgaben zuvor wegen wirtschaftlicher Schwäche hinter dem Notwendigen zurückgeblieben wären. Dann eröffnete ein Anstieg des BIP die Möglichkeit, die Militärausgaben auf das notwendige Maß zu erhöhen. Es ist somit der Auffassung zu folgen, wir dürften „nicht primär danach fragen, was wir uns leisten können, sondern was wir brauchen" (Lahl 2017:22).

Ein zweiter Kritikpunkt am Zwei-Prozent-Ziel betrifft die Erfassung dieser Größe und dabei vorrangig die fehlende Eindeutigkeit der Berechnung der Verteidigungsausgaben. Nur die Zahlen der jeweiligen Verteidigungshaushalte heranzuziehen, wäre lückenhaft. Denn die Staaten budgetieren verteidigungsrelevante Ausgaben auch in anderen Teilhaushalten ihrer nationalen Budgets. Vielmehr ist eine umfassende Betrachtungsweise notwendig. Die von der NATO angewandte Erfassungssystematik (NATO 2018:14) lehnt sich an die weltweit anerkannte Methode zur Berechnung von Militärausgaben des Stockholm International Peace Research Institute (SIPRI) an.[1] Danach sind folgende Ausgabenkategorien eines Staates den Militärausgaben zuzurechnen:

- Personalausgaben für die Streitkräfte, für das Verteidigungsministerium sowie andere Regierungsstellen, die Aufgaben im Verteidigungssektor wahrnehmen,
- Pensionen für ehemalige Soldaten,
- Betrieb und Instandhaltung,
- Ausgaben für friedenserhaltende und humanitäre Operationen,
- militärische Beschaffungen,
- militärische Forschung und Entwicklung,

[1] SIPRI: Sources and methods: https://www.sipri.org/databases/milex/sources-and-methods#definition-of-military-expenditure (Zugriff: 23.05.2018).

- Ausgaben für paramilitärische Organisationen, wenn sie für militärische Einsätze ausgebildet und ausgerüstet werden,
- Ausgaben für die militärische Raumfahrt,
- Ausgaben für militärische Infrastruktur, sowohl national als auch im Bündnisrahmen
- Beiträge zum NATO-Haushalt
- Verteidigungshilfe.[2]

Bei einer so komplexen Ausgabenstruktur und unterschiedlichen Budgetierungssystemen in den Mitgliedstaaten ist davon auszugehen, dass es zu Definitions- und Abgrenzungsproblemen kommen kann,[3] Auch ist nicht auszuschließen, dass Staaten ihre Zahlen ggf. auch „kreativ" aufbereiten könnten. Denn in der NATO wird erfasst, was die Staaten melden (bei SIPRI werden Teile auch geschätzt). Hinzu kommt, dass die Ausgaben in den nationalen Budgets in den jeweiligen Währungen ausgewiesen werden, die durch Umrechnung in US-Dollar vergleichbar gemacht werden. Dabei gibt es verschiedene Methoden zur Währungsumrechnung.[4] Mithin erschweren Zuordnungs-, Definitions- sowie Umrechnungsprobleme die Vergleichbarkeit der Zahlenreihen.

Ein weiteres Problem der Interpretation von Unterschieden des Verteidigungsanteils am BIP liegt in der Mittelverwendung. Dahinter steht die Frage, wofür das Geld ausgegeben wird. Zum Ersten gibt es z. T. erhebliche Unterschiede in der Ausgabenstruktur der Mitgliedsstaaten. So betrugen z. B. für 2014 die Pensionslasten in Belgien und Portugal mehr als 33 % des Verteidigungsbudgets, in Frankreich 24 %[5] und in Deutschland knapp 17 %.[6] Und Griechenland gibt ca. 70 % seines Militärbudgets für Personalkosten aus (Major 2015).

---

[2]Ausgaben für Zivilverteidigung und Folgekosten früherer militärischer Aktivitäten, wie Demobilisierung, Konversion oder Vernichtung von Waffen werden vom SIPRI nicht, von der NATO teilweise zu den Verteidigungsausgaben gerechnet.

[3]In ihrer Übersicht über die Militärausgaben der Mitgliedsstaaten weist die NATO selbst auf diese Problematik hin. Es heißt dort: „In view of differences between the definition of NATO defence expenditure and national definitions, the figures shown in this report may diverge considerably from those which are quoted by media, published by national authorities or given in national budgets" (NATO 2018:1).

[4]So zeigt z. B. der „World Military Expenditure and Arms Transfers Report" des US State Department auf, dass es fünf verschiedene Währungsumrechnungsmethoden gibt (Béraud-Sudreau; Giegerich 2018:1).

[5]Béraud-Sudreau; Giegerich 2018:2.

[6]Eigene Berechnung gem. http://www.military-info.de/Bundeswehr/etat.htm (Zugriff: 24.05.2018).

Zum Zweiten ist bei einer Analyse der Mittelverwendung von besonderer Bedeutung, welcher Anteil der Ausgaben in die Beschaffung von militärischer Ausrüstung sowie in Forschung und Entwicklung geht, den sog. Investitionsanteil. Für diesen formulieren die Beschlüsse von Wales (wie oben dargestellt) eine eigene Zielgröße, nämlich die Empfehlung, das der investive Anteil 20 % der Verteidigungsausgaben betragen sollte. Abb. 3.2 zeigt, inwieweit die Mitgliedstaaten 2014 und 2017 dieser Empfehlung gefolgt sind.

Abb. 3.2 zeigt, dass – wie beim Zwei-Prozent-Ziel -die angestrebte Investitionsquote von 20 % der Verteidigungsausgaben von rund der Hälfte der Mitgliedsstaaten nicht erreicht wird.

Aber was besagen solche Zahlen? Luxemburg hat z. B. Verteidigungsausgaben von etwas über 300 Mio. US$, dabei eine Investitionsquote von fast 33 %. Estland erfüllt sowohl das Zwei-Prozent- als auch das 20 %-Ziel, aber 2 % des BIP von Estland sind nur rund 500 Mio. € (Major 2015), 20 % davon also nur 100 Mio. €. Griechenland hat Verteidigungsausgaben von rund 6 Mrd. US$ und eine Investitionsquote von rund 15,5 % und Deutschland Ausgaben von etwas mehr als 44 Mrd. US$ mit einer Investitionsquote von 13,75 %. Aus solchen Zahlen sind keine belastbaren Schlüsse über die Verteidigungsanstrengungen zu ziehen.

Zum Dritten gehen die von der NATO ausgewiesenen Verteidigungsausgaben der Mitgliedsstaaten in der Regel nur zum Teil in Fähigkeiten ein, die der NATO zur Verfügung gestellt werden (Molinari-Stiftung 2014:8). Eine Analyse stellt fest:

> In times of defense austerity, calling for allies simply to spend more—rather than spend more wisely—means fooling those who spend their money efficiently and rewarding those who waste money without visible results for NATO. Especially since the end of the Cold War, defense budgets from Poland to Italy have become more important for social policy than for defense. Inflated defense personnel budgets and armaments policies serve primarily to generate employment in a nation's armed forces, defense administration, and defense industry, and to protect industrial interests instead of delivering needed capabilities (Major 2015).

Die Diskrepanz zwischen dem Anteil der Verteidigungsausgaben, die NATO-Fähigkeiten zugutekommen, und solchen, die anderen Zwecken dienen, wird bei den USA am deutlichsten. Sie finanzieren aus ihrem Verteidigungsanteil von mehr als 3,5 % des BIP (Abb. 3.1) eine global agierende Streitmacht – u. a. mit Basen in aller Welt, einer großen Flotte mit 11 Flugzeugträgern[7] sowie mit

[7]https://www.welt.de/politik/gallery13827675/Das-sind-die-Flugzeugtraeger-der-US-Navy.html (Zugriff: 24.07.2018.2017).

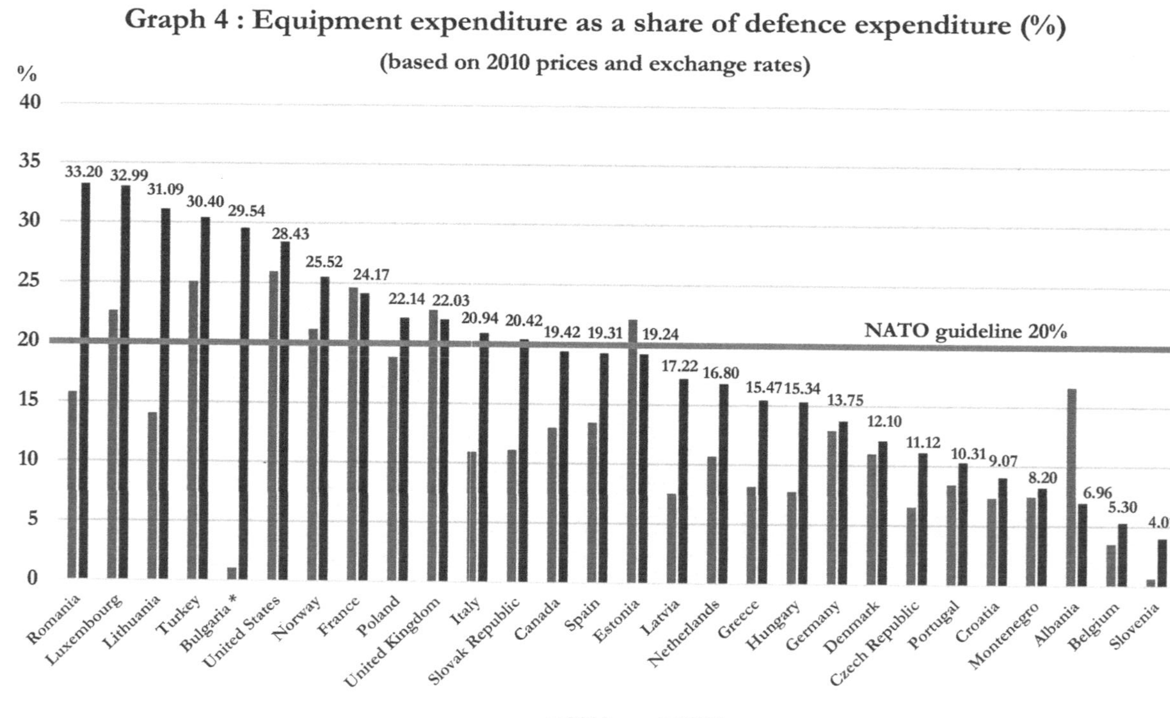

Abb. 3.2 Anteil der Investitionen an den Verteidigungsausgaben 2014 und 2017. (Quelle: NATO 2018:3)

Nuklear- und Raketenstreitkräften –, die zu einem großen Teil von der NATO unabhängig operiert. Analoges (wenn auch im deutlich kleineren Maßstab) gilt auch für Großbritannien und Frankreich, die mit Verteidigungsanteilen von ca. 2,1 % bzw. 1,8 % (Abb. 3.1) neben den der NATO zur Verfügung gestellten Streitkräften auch ausschließlich national genutzte Fähigkeiten finanzieren, wie ihre Nuklearkräfte, die nicht unter NATO-Kommando gestellt werden. Auch die Türkei mit einem Verteidigungsanteil von knapp 1,5 % unterhält eine (weitgehend wehrpflichtgestützte) Landstreitmachtmacht, die nur bedingt auf die aktuellen Fähigkeitsanforderungen der NATO ausgerichtet ist und in Teilen für rein nationale Einsatzzwecke vorgehalten und inzwischen auch eingesetzt wird (Molinari-Stiftung 2014:8).

Somit kann als Zwischenfazit festgehalten werden: die Kenngrößen Verteidigungsanteil am BIP – und damit das „Zwei-Prozent-Ziel" – aber auch das Zwanzig-Prozent-Ziel für die Investitionsquote sind konzeptionell fragwürdig, ihre Berechnung unterliegt möglichen Erfassungs- und Abgrenzungsproblemen, und sie messen „tatsächlich nicht das Entscheidende" (Lahl 2017: 22).

Eine fundamentale Schwäche beider Kriterien ist darüber hinaus, dass sie rein inputorientiert und nicht mit Effizienz- bzw. Effektivitätskriterien verknüpft sind, weswegen in der Diskussion auch von einer „Zwei-Prozent-Illusion" gesprochen wird (Mölling 2014:2). Dabei erarbeitet das Bündnis sehr wohl auch outputorientierte Kriterien für die Verteidigungsanstrengungen der Mitgliedstaaten. Diese heben auf erforderliche Fähigkeiten bzw. Fähigkeitsdefizite ab. Sie werden im NATO Defence Planning Process (NDPP) unter (freiwilliger) Beteiligung der Mitgliedstaaten definiert.[8] Mit ihrer Verabschiedung verbindet das Bündnis die Erwartung, dass die Mitgliedstaaten ihre Anstrengungen auf die Erreichung der Fähigkeitsziele bzw. die Beseitigung von Fähigkeitsdefiziten ausrichten. Und die Umsetzung in den nationalen Verteidigungsplanungen wird im NDPP-Prozess begleitet – allerdings wie bei Vielem im Bündnis ohne rechtliche Verbindlichkeit.[9]

---

[8]Beispiel für solche Fähigkeiten sind: ein ausgewogener Mix von konventionellen und nuklearen Streitkräften, Durchhaltefähigkeit, robuste, mobile und verlegefähige konventionelle Streitkräfte, Führungsfähigkeit, Raketenabwehr/Luftverteidigung, Aufklärung sowie Fähigkeiten im Cyber-Raum (https://www.nato.int/cps/en/natohq/topics_49202.htm, Zugriff: 27.05.2018).

[9]Diese fehlende Verbindlichkeit wird in der Darstellung des NDPP mit folgender Formulierung „verbrämt": „While national capability development is a sovereign responsibility, NATO plays an important supporting role in facilitating national capability development and delivery". https://www.nato.int/cps/en/natohq/topics_49137.htm, (Zugriff: 07.05.2018).

Wie oben dargestellt hat die Vorgabe des Zwei-Prozent-Ziels in der Abschlusserklärung von Wales durchaus auch einen Bezug zu einigen Outputkriterien (s. FN 3 in Kap. 2). Diese werden allerdings in der Erklärung nicht operationalisiert und sind damit nicht überprüfbar. Es ist der Auffassung zuzustimmen, dass es kein gutes Licht auf die Kohärenz im Bündnis wirft, „wenn man auf ein Ersatzkriterium zurückgreifen muss, dessen innere Logik überschätzt wird" (Lahl 2017:22).

Neben diesen vielfältigen methodischen Problemen des Zwei-Prozent-Ziels ist es darüber hinaus fraglich, inwieweit eine Steigerung von Militärausgaben gleichbedeutend mit einer Steigerung von Sicherheit ist. Seit dem Weissbuch 2006 propagiert die Bundesregierung den Begriff der „vernetzten Sicherheit".[10] Der langjährige Obmann der SPD-Fraktion im Verteidigungsausschuss, Rainer Arnold, folgert daraus nachvollziehbar:

> Wir wissen doch längst, das Krisenprävention, Wiederaufbau und wirtschaftliche Zusammenarbeit genauso wichtig sind wie militärisches Engagement. Wir müssen deshalb aufpassen, dass wir uns nicht auf die zwei Prozent versteifen (Arnold 2017).

Aus alledem folgt, dass das Zwei-Prozent-Ziel nicht plausibel ist und auch nicht als echtes Kriterium mit Verbindlichkeitswirkung betrachtet werden kann. Es ist vielmehr eine rein politische Größe, eine „hochpolitische Zahl" (Kamp 2016: 4) bzw. „an important political symbol" (Kalnins 2017:10). Analoges gilt für das Zwanzig-Prozent-Ziel.

Das Zwei-Prozent-Ziel entfaltet jedoch trotz der herausgearbeiteten logischen und methodischen Probleme allein durch die Optik, wie in Abb. 3.1 sichtbar, eine starke politische Wirkung. Auf diese soll in den folgenden Kapiteln eingegangen werden, und zwar einerseits für die deutsche Innenpolitik und anderseits außenpolitisch.

[10]Dieser ist wie folgt definiert: „Nicht in erster Linie militärische, sondern gesellschaftliche, ökonomische, ökologische und kulturelle Bedingungen, die nur in multinationalem Zusammenwirken beeinflusst werden können, bestimmen die künftige sicherheitspolitische Entwicklung. Sicherheit kann daher weder rein national noch allein durch Streitkräfte gewährleistet werden" (Weissbuch 2006:29).

Zur Entwicklung der Verteidigungsausgaben bis zu den Beschlüssen von Wales 2014

4

Die deutschen Verteidigungsausgaben sind spätestens seit den 1990er Jahren Gegenstand häufiger innen- und außenpolitischer Auseinandersetzungen. Die folgende Betrachtung erfolgt anhand von Abb. 4.1. Sie legt der Einfachheit halber nicht die oben definierten Verteidigungsausgaben nach NATO-Kriterien, sondern den Verteidigungshaushalt (Einzelplan 14 des Bundeshaushalts) zugrunde.

Bis zum Ende des Kalten Krieges erfolgte die Planung der Bundeswehr mehr oder weniger nach dem Prinzip „designed zu threat". Die notwendigen Umfänge und Fähigkeiten wurden aus der Bedrohung durch das militärische Potenzial des Warschauer Paktes abgeleitet, die in einer gemeinsamen Bewertung im Bündnis quantitativ und qualitativ ermittelt und bewertet wurde.

Abb. 4.1 zeigt nach der Aufbauphase der Bundeswehr Mitte der 1960er Jahre bis 1990 einen relativ gleichmäßigen Anstieg des nominalen Verteidigungshaushalts. Selbst unter Berücksichtigung der Inflationsrate bedeutete das noch einen realen Anstieg von 1965 bis 1990 von rund 30 %.[1]

Mit dem Ende der Ost-West-Konfrontation fühlten sich das Bündnis – und insbesondere Deutschland – keiner konkreten militärischen Bedrohung mehr ausgesetzt. Vielmehr identifizierte die gemeinsame Lagebeurteilung in der NATO jetzt eine Reihe von „Herausforderungen" und „Risiken", denen politisch mit einem Spektrum an Maßnahmen zu begegnen war, von denen militärische Mittel nur eine darstellte (Weißbuch 1994: 201 ff., 228 ff., 254 ff.). Aus dieser neuen Situation folgte, dass Umfang und Qualität der Streitkräfte nicht mehr „qua Kräftevergleich" abgeleitet werden konnten, sondern politisch „gesetzt" werden

[1]1965 9,2 Mrd. €, 1990 28,2 Mrd. €. Errechnet mit https://www.finanzen-rechner.net/inflationsrechner.php (Zugriff: 06.06.2018).

U. von Krause, *Das Zwei-Prozent-Ziel der NATO und die Bundeswehr*,
essentials, https://doi.org/10.1007/978-3-658-23413-3_4

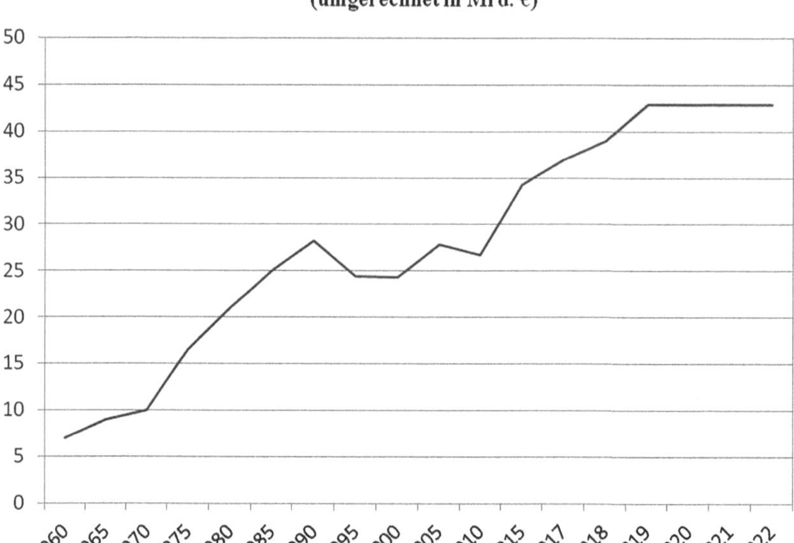

Abb. 4.1 Entwicklung des Verteidigungshaushalts Deutschlands 1960–2022. Zahlen bis 2017: Ist-Ausgaben. (Quelle: BMF 2017. Folgejahre. Haushalt 2018 und 52. Finanzplan)

mussten. Die Verfügbarkeit von Finanzmitteln spielte dabei – neben der Risikobewertung – eine wesentliche Rolle. Das Prinzip „designed to threat" wurde zunehmend durch „designed to budget" abgelöst (von Krause 2013:213 ff.).

Verteidigungsminister Volker Rühe wird das in jener Zeit geflügelte Wort zugeschrieben, Deutschland sei von Freunden „umzingelt" (von Bredow 2006:221). Dieser Spruch symbolisiert die gesellschaftliche Stimmung der 1990er Jahre, aus der die Forderung nach einer „Friedensdividende" entstand (Dedeck 1997). Die „Folgen" dieser Stimmung kann man in Abb. 4.1 deutlich sehen. Der Verteidigungshaushalt sank von (umgerechnet) 28,2 Mrd. € in 1990 auf 24,7 Mrd. € in 1994. Das entspricht einem Rückgang von rund 13 %. Auf diesem niedrigen Niveau von rund 24 Mrd. € blieb er bis 2000. Es dauerte dann bis 2007, ehe mit 28,5 Mrd. € das Niveau von 1990 wieder erreicht war. Danach stieg er kontinuierlich – mit Ausnahme von 2014 – wieder an und erreichte 2017 den Wert von 37 Mrd. €. Unter Berücksichtigung der Inflationsrate in den letzten 27 Jahren bedeutet ein Wert von 37 Mrd. € im Vergleich zu 1990 allerdings keine reale Steigerung, sondern einen Rückgang von rund 20 %.[2] Würde man mit einrechnen, dass die Preissteigerungsrate für Rüstungsgüter über der allgemeinen Geldentwertungsrate liegt, dann wäre der reale Rückgang noch höher.

Dieser erheblichen Reduzierung der Verteidigungsausgaben ist gegenüberzustellen, dass die Bundeswehr aufgrund der Vereinbarungen im Zwei-plus-Vier-Vertrag deutlich verkleinert werden musste. So sollte die Personalstärke von 495.000 auf die neue Obergrenze von 370.000 Soldaten reduziert werden. Tatsächlich wurde die Truppenstärke jedoch im Zuge der Strukturreform der 1990er Jahre bereits 1994 wegen einer zu geringen finanziellen Ausstattung unter die vertraglich zugestandene Obergrenze auf 340.000 Mann abgesenkt, wobei sehr schnell klar wurde, dass auch diese Zahl – gemessen an den verfügbaren bzw. erwarteten Mitteln – nicht finanzierbar war. Zusätzlich waren erhebliche Investitionen erforderlich, um das Fähigkeitsspektrum der Bundeswehr ab 1992 an die Erfordernisse der Auslandseinsätze anzupassen (von Krause 2013:220 f.). Alle diese Faktoren führten dazu, dass die Bundeswehr seit den 1990er Jahren chronisch unterfinanziert war.

Hieran änderten auch mehrere Strukturreformen in den Folgejahren nichts. Eine Strukturkommission („Weizsäcker-Kommission“) hatte im Jahr 2000 einen Personalumfang von 240.000 Soldaten vorgeschlagen. Entgegen der Kommissionsempfehlung wurde jedoch politisch eine Personalstärke von 280.000 Soldaten entschieden. Schon 2003 stellte der neue Verteidigungsminister Peter Struck jedoch fest, dass Planung und finanzielle Gesamtsituation nicht mehr im Einklang standen und entschied eine weitere Reduzierung der Streitkräfte auf 250.000 Soldaten (ebenda:282). Auch diese Maßnahme vermochte nicht, Auftrag und Ressourcen der Bundeswehr in ein ausgewogenes Gleichgewicht zu bringen (ebenda:326).

Im Jahr 2010 wurde der Verteidigungsbereich durch die Notwendigkeit der Konsolidierung des Bundeshaushalts überproportional stark betroffen (ebenda:328), was auch in Abb. 4.1 deutlich zu sehen ist, wodurch sich die Probleme der Bundeswehr verschärften. Eine erneute Strukturkommission („Weise-Kommission“) empfahl eine Reduzierung auf 180.000 Soldaten, wobei sie – wie schon zehn Jahre vorher die Weizsäcker-Kommission – die Notwendigkeit von Anschubinvestitionen betonte. Aber diese blieben aus. So vergrößerte sich die Diskrepanz zwischen Auftrag und Ressourcen weiter (ebenda:330).

[2]2017 37 Mrd. €, 1989 28,2 Mrd. €, Errechnet mit https://www.finanzen-rechner.net/inflationsrechner.php (Zugriff: 06.06.2018).

Als Zwischenresümee bleibt festzuhalten: die Unterfinanzierung der Bundeswehr bestand fort. Mehrere Versuche, die unzureichende finanzielle Ausstattung durch Umfangskürzungen aufzufangen, hatten keinen Erfolg. Es gelang nicht, Auftrag, Umfang und finanzielle Ausstattung in ein Gleichgewicht zu bringen, zumal Zahl und Umfang der Auslandseinsätze die Streitkräfte zusätzlich forderten. Die Bundeswehr lebte mehr und mehr von der Substanz, es kam es zunehmend zu Einbrüchen in der Einsatzbereitschaft.

5 Zur Diskussion der Verteidigungsausgaben bis zur Bundestagswahl 2017

In diese Ausgangslage hinein erfolgten 2014 die Beschlüsse von Wales. Nur knapp zwei Wochen nach der Zustimmung der Bundesregierung zum Zwei-Prozent-Ziel auf dem NATO-Gipfel in Wales wurde nach einer Anhörung der Inspekteure der Teilstreitkräfte im Verteidigungsausschuss die Misere der Einsatzbereitschaft der wesentlichen Waffensysteme der Bundeswehr in der Öffentlichkeit bekannt. Der Spiegel schrieb unter dem Titel „Von der Leyens Truppe leistet Offenbarungseid".

> Die fliegende Bundeswehrflotte aus Helikoptern, 'Eurofightern' und Transportmaschinen ist fast nicht mehr einsatzfähig. Das gaben Generäle vor einem Ausschuss zu. Eine Besserung der Lage ist nicht absehbar (Gebauer 2014).

Als Gründe für die akuten Probleme wurde den Parlamentariern erläutert, dass das Wehrressort im Jahr 2010 im Zug der Finanzkrise einen Bestellstopp für Ersatzteile angeordnet habe. Davon hätten sich Hubschrauber- und Flugzeugflotte nie erholt.

Wer allerdings erwartet hätte, dass die „hochpolitische Zahl" 2 % nun innenpolitische Wirkung entfalten würde und die Bundesregierung unter Bezugnahme auf ihre Zustimmung zum Zwei-Prozent-Ziel mehr Geld für die Verteidigung gefordert bzw. beschlossen hätte, der wurde enttäuscht. In der ersten Haushaltsdebatte nach Wales, der Beratung des Haushalts 2016 im November 2015, begründete Verteidigungsministerin Dr. Ursula von der Leyen (CDU) die Forderung nach einer moderaten Erhöhung des Verteidigungshaushalts nicht etwa unter Bezugnahme auf die Absichtserklärung von Wales, sondern mit dem Hinweis auf eine aktuelle Meinungsumfrage, nach der 51 % der Bevölkerung für eine Steigerung des

U. von Krause, *Das Zwei-Prozent-Ziel der NATO und die Bundeswehr*,
essentials, https://doi.org/10.1007/978-3-658-23413-3_5

Verteidigungsausgaben seien (nach 32 % im Vorjahr).[1] Die Beschlüsse von Wales wurden in der Debatte nur ein einziges Mal angesprochen, als der Abgeordnete Dr. Tobias Lindner (Bündnis 90/Die Grünen) die Ministerin (die sich ja gar nicht auf Wales berufen hatte) mit den Worten attackierte:

> Frau Ministerin, ich habe den Eindruck, was den Zuwachs beim Einzelplan 14 angeht, über den Sie sich freuen und wo ich Ihnen durchaus gute Medienarbeit attestiere, wollen Sie der simplen Logik folgen: Viel hilft viel. Auf dem NATO-Gipfel in Wales hat sich die Bundesregierung noch zum 2-Prozent-Ziel bekannt. Wir müssen uns klarmachen, dass die Erfüllung dieses Ziels bei dem heutigen BIP bedeuten würde, dass sich der Etat des Verteidigungshaushalts um 28 Milliarden Euro erhöhen würde, auf ganze 62 Milliarden Euro. Das ist nicht nur überdimensioniert, liebe Kolleginnen und Kollegen, es ist völlig unrealistisch, dieses Ziel überhaupt erreichen zu wollen. Und um ehrlich zu sein: 2 Prozent des BIP als politisches Ziel – nach dem Motto: Wofür das Geld ausgegeben wird, ist uns egal; wir wollen nur festlegen, wie viel es ist – zu definieren, ist eine ziemlich schlechte Zielmarke.[2]

Es bedurfte erst außenpolitischer Einflüsse, damit die „hochpolitische Zahl" in der deutschen Innenpolitik Wirkung zeigte. Kurz vor Ende seiner Amtszeit traf sich Präsident Obama – zweieinhalb Monate vor dem NATO-Gipfel in Warschau – in Hannover mit Bundeskanzlerin Dr. Angela Merkel, Präsident Francois Hollande, Ministerpräsident Matteo Renzi und Premierminister David Cameron. Obama nutzte diese Gelegenheit, um die Bündnispartner erneut zu drängen, ihre Verteidigungsausgaben auf zwei Prozent des Bruttoinlandsprodukts zu erhöhen: Er erklärte: „Es ist wichtig für alle Nato-Mitglieder, zu versuchen dieses Ziel zu erreichen."[3] Diese Forderung wiederholte er mit Nachdruck auf dem Warschauer Gipfel (s. FN 2 in Kap. 1).

Und diese wiederholten „Ermahnungen" begannen, bei der Bundesregierung allmählich Wirkung zu zeigen. In einem neuen Weissbuch, das im Juni 2016 veröffentlicht wurde, betonte die Bundesregierung die Notwendigkeit eines „angemessenen Umfangs" des Verteidigungshaushalts, um Aufgaben, Struktur,

[1]Bundestagsplenarprotokoll 18/139 vom 25.11.2015, S. 13672.

[2]Bundestagsplenarprotokoll 18/139 vom 25.11.2015, S. 13673.

[3]Obama: Merkel ist auf der richtigen Seite der Geschichte. Tagesspiegel Online vom 24.04.2016 https://www.tagesspiegel.de/politik/us-praesident-in-hannover-obama-merkel-ist-auf-der-richtigen-seite-der-geschichte/13493052.html (Zugriff: 08.08.2018).

Personal und Ausrüstung in Einklang zu bringen. Dann bezog sie sich explizit auf das Zwei-Prozent-Ziel und formulierte:

> Ausgangspunkt sind hierbei hinsichtlich der Entwicklung der Verteidigungsausgaben nach den NATO-Kriterien die Beschlüsse des NATO-Gipfels von Wales im Jahr 2014, mit denen langfristig eine Annäherung an das Ziel von zwei Prozent des jeweiligen Bruttoinlandsproduktes für Verteidigungsausgaben angestrebt wird. Im Gesamtkontext gilt es, neben der hinreichenden Ausgestaltung des Betriebes insbesondere den Anteil der Rüstungsinvestitionen so zu steigern, dass mittelfristig die auch von der NATO vorgegebene 20-Prozent-Marke erreicht wird. Nur so können die Ausgaben für Betrieb und Investitionen perspektivisch mit den Aufgaben in Einklang gebracht werden (Weissbuch 2016:17).

Bundeskanzlerin Merkel unterstrich die im Weissbuch formulierte Absicht erneut auf dem Deutschlandtag der Jungen Union am 16.10.2016. Unter Hinweis auf Obamas Drängen erklärte sie, es könne auf Dauer nicht gut gehen, dass die USA 3,4 % ihres Bruttoinlandsproduktes für Sicherheit ausgäben, ein enger NATO-Verbündeter wie Deutschland aber nur 1,2 %, die Bundesregierung werde in den nächsten Jahren deutlich mehr Geld für die Bundeswehr ausgeben. Und sie stellte fest: „Um von 1,2 auf 2,0 % zu kommen, müssen wir ihn (den Verteidigungsetat, UvK) sehr stark steigern".[4]

Solche Erklärungen blieben keine leeren Formeln. Vielmehr steigerten Regierung und Parlament den Verteidigungshaushalt 2017 von 34,4 Mrd. in 2016 € auf 37 Mrd. €. In der Haushaltsdebatte im November 2016 nahm die Bundeskanzlerin erneut ausdrücklich Bezug auf die Erklärungen von Wales und stellte fest:

> Es spiegelt sich andererseits im Verteidigungsetat wieder, dass wir noch nicht da sind, wo wir in der Erwartung unserer NATO-Partner sein müssten…Ich weiß, dass wir ein ganzes Stück davon (vom Zwei-Prozent-Ziel, UvK) entfernt sind, ich will es auch nicht für die nahe Zukunft sagen, aber die Richtung muss klar sein: dass wir uns dem nähern, was wir alle miteinander übrigens – nicht nur Christdemokraten, auch Sozialdemokraten – als Beitrag zur NATO versprochen haben, und das auch durchsetzen, meine Damen und Herren".[5]

[4]Bundeswehr soll mindestens 20 Mrd. € mehr bekommen. Zeit Online vom 16.19.2016. https://www.zeit.de/politik/deutschland/2016-10/angela-merkel-verteidigung-ausgaben-bundeswehr (Zugriff: 08.05.2018).

[5]Bundestagsplenarprotokoll 18/202 vom 23.11.2016, S. 20168.

Analog dazu nahmen auch Verteidigungsministerin von der Leyen und einige Redner in der Debatte über den Einzelplan 14 – das ist der Verteidigungshaushalt – Bezug auf die Beschlüsse von Wales. Die Ministerin betonte, dass es gelungen sei, den Verteidigungsanteil von 1,18 % auf 1,22 % in 2017 zu steigern.[6] Nach der Analyse in Kap. 3 muss man feststellen, dass dieses eigentlich eine irrelevante Feststellung war, sie zeigte jedoch die inzwischen erkennbare Wirkung der „hochpolitischen Zahl" der 2 %. Die Abgeordneten Karin Evers-Meyer und Rainer Arnold (beide SPD) hingegen unterstrichen – bei Anerkennung der Tatsache, dass die USA die Hauptlast der Verteidigungsausgaben trügen – die Fragwürdigkeit des Zwei-Prozent-Ziels. Frau Evers-Meyer wies darauf hin, dass der Verteidigungshaushalt dann ja auf 64 Mrd. € steigen müsste, eine „nicht nur für Sozialdemokraten schwer vorstellbare Größenordnung."[7] Sie und Arnold betonten, die Europäer müssten stattdessen die Mittel für die Verteidigung effektiver einsetzen. Arnold benutzte das Bild, wir sollten „die Hürde nicht ständig, jedes Jahr aufs Neue so hochlegen – 2 Prozent vom Bruttoinlandsprodukt – und Jahr für Jahr bequem darunter durchlaufen". Vielmehr müsste man nicht nur über Geld reden, sondern die Fähigkeiten im Auge haben, und das durchaus im Vergleich zu dem, was Großbritannien und Frankreich in die Bündnisse einbringen. Und Deutschland müsse noch einiges leisten, um das zu erreichen.[8]

Für die Sprecherin der Fraktion der Linken, Christine Buchholz, war das Zwei-Prozent-Ziel ein „weiteres Argument für den Austritt aus der NATO"[9] und der Abgeordnete Nourid Nouripour (Bündnis 90/Die Grünen) warnte davor, dass man anstelle von Maßnahmen zur Effizienzsteigerung die Bundeswehr mit Geld überschüttete und Defizite dadurch überdeckte.[10]

Diese Haushaltsdebatte wurde also erkennbar von der „hochpolitischen Zahl" 2 % beeinflusst. Und das sollte sich in den Auseinandersetzungen um den Verteidigungshaushalt im Wahlkampf für die Bundestagswahl 2017 und nach der Regierungsbildung 2018 fortsetzen.

Angeheizt wurde die deutsche Diskussion vor der Bundestagswahl 2017 dadurch, dass die US-Regierung weiterhin zunehmend Druck auf die Bundesregierung auszuüben versuchte. Den Anfang machte ein Interview, das der

[6]Bundestagsplenarprotokoll 18/202 vom 23.11.2016, S. 20228.

[7]Bundestagsplenarprotokoll 18/202 vom 23.11.2016, S. 20227.

[8]Bundestagsplenarprotokoll 18/202 vom 23.11.2016, S. 20233.

[9]Bundestagsplenarprotokoll 18/202 vom 23.11.2016, S. 20231.

[10]Bundestagsplenarprotokoll 18/202 vom 23.11.2016, S. 20234.

gewählte US-Präsident Donald Trump am 16.01.2017, also wenige Tage vor seiner Amtseinführung, der Bild-Zeitung gab. Er formulierte:

> Die Nato hat Probleme. Sie ist obsolet, weil sie erstens vor vielen, vielen Jahren entworfen wurde. Zweitens zahlen die Länder nicht, was sie zahlen müssten … Das ist sehr unfair gegenüber den USA. Abgesehen davon ist mir die Nato sehr wichtig.[11]

Auch wenn diese Forderung von Trump (noch) allgemein gehalten war, so dürfte sie aufgrund der Verbreitung in dem führenden deutschen Boulevardblatt eine nicht zu unterschätzende Wirkung auf die deutsche Innenpolitik gehabt haben.

Knapp vier Wochen später griff US-Verteidigungsminister James Mattis die Thematik erneut auf. Und dieses Mal adressierte er die deutsche Regierung direkt. Beim Besuch von Verteidigungsministerin von der Leyen am 10.02.2017 in Washington betonte er das inzwischen bekannte Argument, die USA wollten mehr Geld von Deutschland für die NATO. Statt der bisherigen 1,2 % des Bruttoinlandsprodukts sollten es zukünftig zwei Prozent sein, das wären rund 25 Mrd. € mehr.[12]

Ständige Wiederholungen zeigen offensichtlich Wirkung Denn nach den Gesprächen mit Mattis bezeichnete Ministerin von der Leyen die Forderung nach einer gerechteren Lastenverteilung als eine „faire Forderung“.[13]

Der nächste Schritt der US-Regierung, die Bundesregierung in Richtung des Zwei-Prozent-Ziels zu drängen, erfolgte beim ersten Besuch von Bundeskanzlerin Merkel nach dem Amtsantritt von Trump in Washington am 17.03.2017. Bei diesem wurde auch das Thema der Verteidigungsausgaben prominent erörtert. Trump wiederholte sein Argument, viele Staaten schuldeten den USA noch viel Geld aus den vergangenen Jahren. Allerdings lobte er auch, dass die Deutschen sich verpflichtet hätten, die von der Nato beschlossenen zwei Prozent Verteidigungsausgaben mittelfristig zu erfüllen. Denn Merkel hatte bei dem Treffen erklärt:

---

[11]Zit. nach: Trump bezeichnet Nato als „obsolet“. Focus Online vom 16.01.2017. https://www.focus.de/politik/videos/designierter-us-praesident-trump-bezeichnet-nato-als-obsolet_id_6499412.html (Zugriff: 25.05.2018).

[12]http://www.deutschlandfunkkultur.de/usa-fordern-hoehere-militaerausgaben-die-forderung-nach.1008.de.html?dram:article_id=379132 (Zugriff: 09.06.2018).

[13]Verteidigungsministerin in den USA Von der Leyen und Mattis vereinbaren enge Kooperation. Der Tagesspiegel Online vom 11.02.2017. https://www.tagesspiegel.de/politik/verteidigungsministerin-in-den-usa-von-der-leyen-und-mattis-vereinbaren-enge-kooperation/19378544.html (Zugriff: 25.06.2018).

> Wir haben uns in Wales dem **Zwei-Prozent-Ziel bis zum Jahr 2024** verpflichtet, haben im letzten Jahr unseren Verteidigungsetat um acht Prozent gesteigert und werden auch weiterhin in diese Richtung arbeiten (Hervorhebung UvK).[14]

Die Londoner Times berichtete dann jedoch, Trump habe in einem privaten Treffen am Rande des Besuchs der Kanzlerin eine „Rechnung“ in Höhe von mehr als 300 Mrd. US$ präsentiert, die Deutschland der NATO schulde. Er habe die zu geringen Militärausgaben Deutschlands seit dem Jahr 2002 einschließlich von Zinsen berechnen lassen. Und er begründete das Jahr 2002 als Berechungsgrundlage damit, dass Merkels Vorgänger Gerhard Schröder 2002 höhere Militärausgaben versprochen habe (Und 2002 kann man – wie oben dargestellt – als „Geburtsstunde“ des Zwei-Prozent-Ziels betrachten). Der Bericht der Times wurde vonseiten der US-Regierung halbherzig dementiert („The White House denied that Trump presented an actual piece of paper“[15]) und auch der deutsche Regierungssprecher Steffen Seibert erklärte:

> Berichte, wonach Präsident Trump der Bundeskanzlerin eine Art Rechnung über eine konkrete Milliardensumme vorgelegt habe, treffen nicht zu,[16]

Nach den im Bericht der Times angedeuteten Quellen dürfte allerdings kein Zweifel daran bestehen, dass es ein solches Gespräch gegeben hatte. Wobei die Kanzlerin sich jedoch von der Provokation des US-Präsidenten nicht beeindrucken ließ. Aber weil der Inhalt des Gesprächs – wohl gezielt – in die Medien getragen wurde, entfaltete er naturgemäß innenpolitische Wirkung.

Die mehrfach wiederholte „Bemühensklausel“ von Kanzlerin und Verteidigungsministerin in Bezug auf das Zwei-Prozent-Ziel wurde von der SPD als Ansatzpunkt gesehen, die CDU/CSU im beginnenden Wahlkampf zu attackieren. Der Kanzlerkandidat der SPD, Martin Schulz, zu der Zeit auf dem Höhepunkt seiner Popularität, hatte sich in einem „Positionspapier“ von der Position der

---

[14] Dementi aus Berlin „Trump hat Merkel keine Rechnung gegeben“. ntv Online vom 27.03.2017. https://www.n-tv.de/politik/Trump-hat-Merkel-keine-Rechnung-gegeben-article19767491.html (Zugriff: 27.06.2017).

[15] Germany slams ‚intimidating‘ £300bn White House bill. Sunday Times online vom 26.03.2017, https://www.thetimes.co.uk/article/germany-dismisses-white-houses-intimidating-300bn-bill-for-defence-dl7dk629k (Zugriff: 09.06.2018).

[16] Deutsche Nato-Schulden?: Bundesregierung erhielt von Trump keine Rechnung. FAZ. Net vom 27.03.2017, http://www.faz.net/aktuell/politik/ausland/nato-schulden-bundesregierung-erhielt-von-trump-keine-rechnung-14944940.html (Zugriff: 26.06.2018).

Regierung distanziert und seine Partei auf einen „Anti-Zwei-Prozent-Ziel-Kurs" festgelegt. Er formulierte:

> Die Bundeswehr braucht mehr Geld, um ihren Aufgaben nachkommen zu können. Wir entziehen uns aber dem Zwang, die jährlichen Ausgaben für Verteidigung auf zwei Prozent des BIP und damit auf ca. 70–80 Milliarden Euro jährlich anzuheben. Der **Beschluss** der NATO **von Wales**, der alle Mitgliedsstaaten dazu auffordert, sich auf dieses Ziel zuzubewegen, **ist falsch und unsinnig** und wurde in Deutschland nicht parlamentarisch legitimiert (Schulz 2017, Hervorhebung UvK).[17]

Im Wahlprogramm der SPD, das Ende Juni 2017 veröffentlicht wurde, wird die gleiche Position ausgeführt, wenn auch etwas weniger polemisch. Es heißt dort:

> Wir werden die erkannten Lücken bei Personal und Material zügig schließen und dafür die notwendige Steigerung des Verteidigungshaushaltes sichern. Wir wenden uns allerdings entschieden gegen völlig **unnötige und unrealistische Steigerungsraten** des deutschen Verteidigungshaushaltes. Eine apodiktische Festlegung auf einen Anteil der jährlichen Ausgaben für die Bundeswehr auf **zwei Prozent** des Bruttoinlandsprodukts käme einer Verdoppelung unserer derzeitigen Ausgaben gleich und würde mehr als 70 Milliarden Euro pro Jahr für die deutsche Rüstungs- und Verteidigungspolitik bedeuten. **Das wird es mit der SPD nicht geben**. Nicht nur, weil dies eine völlige Überdimensionierung der Ausgaben wäre, sondern vor allem auch, weil Sicherheit und Stabilität gerade nicht ausschließlich durch Militärausgaben gewährleistet werden können (SPD Wahlprogramm 2017: 106 f., Hervorhebung UvK).

Wenige Tage nach dem Programm der SPD veröffentlichten auch die CDU/CSU ihr Wahlprogramm. Naturgemäß beinhaltete es die Position, zu der die Bundesregierung zunehmend von der US-Regierung gedrängt worden war, Es heißt dort folgerichtig:

> Zentral für die wachsende Bundeswehr ist die 'Trendwende Finanzen`. Wie auf dem NATO-Gipfel 2014 in Wales vereinbart, wollen wir unsere Ausgaben für Verteidigung bis zum Jahre 2024 schrittweise **in Richtung 2 Prozent** des Bruttoinlandsprodukts erhöhen. Dieser Beschluss dient unserer eigenen Sicherheit vor Gefährdungen von außen. **Er wurde** vom Bündnis *einstimmig* und mit dem damaligen US-Präsidenten Obama gefasst und seinerzeit **von der gesamten Bundesregierung, von CDU, CSU und SPD, mitgetragen.** Seine Umsetzung ist auch eine *Frage der Verlässlichkeit* (CDU/CSU 2017:65, Hervorhebung UvK).

[17]Diese Passage findet sich wortgleich in einem offiziellen Papier des SPD-Parteivorstandes, den Martin Schulz am 16.07.2017 vorstellte (SPD Zukunftsplan 2017:34 f.).

Und dann folgt eine Passage, mit der man offensichtlich den im Wahlkampf ausgebrochenen Streit um das Zwei-Prozent-Ziel entschärfen wollte, nämlich eine Verknüpfung der Verteidigungsausgaben mit den Mitteln für Entwicklungszusammenarbeit (im internationalen Sprachgebrauch als „Official Development Assistance" – ODA bezeichnet. Auch für die ODA gibt es eine international verabredete Zielgröße, nämlich 0,7 % vom BIP[18]). Es heißt dazu im Wahlprogramm:

> Um den außen- und sicherheitspolitischen Herausforderungen von heute gewachsen zu sein, müssen die Instrumente der Diplomatie, der Polizei, der Sicherheits- und Verteidigungspolitik sowie der Entwicklungszusammenarbeit innerhalb eines vernetzten Ansatzes besser miteinander abgestimmt und koordiniert werden. Deshalb werden wir *parallel* zur Erhöhung des Verteidigungshaushaltes **auch die Mittel für Entwicklungszusammenarbeit im Maßstab 1:1 erhöhen**, bis die ODA-Quote von 0,7 Prozent des BIP erreicht ist (ebenda:66, Hervorhebung UvK).

Eine solche Verknüpfung war im SPD-Programm nicht enthalten, dort wurde lediglich die Zielgröße von 0,7 % des BIP für öffentliche Entwicklungszusammenarbeit bekräftigt (SPD Wahlprogramm 2017: 109). In einem zwei Wochen später herausgegebenen „Zukunftsplan" reagierte man dann auf den Ansatz der Union, vollzog ihn nach und formulierte eine Zielsetzung, die sogar über die Aussagen im Unions-Programm hinaus ging. Denn im Zukunftsplan hieß es jetzt:

> Gleichzeitig werden wir die Mittel für Krisenprävention, Bekämpfung von Hunger, Not und Armut und die Entwicklungszusammenarbeit **mindestens im Verhältnis 1,5 zu 1 erhöhen**: Für jeden Euro, den wir zusätzlich für Verteidigung ausgeben, werden wir mindestens 1,50 Euro in humanitäre Hilfe und Entwicklungszusammenarbeit investieren (SPD Zukunftsplan 2017:35, Hervorhebung UvK).

Man sieht: Wahlkampf bedeutet u. a. auch: Wer bietet mehr?

In einem TV-Interview im August 2017 unterstrich Bundeskanzlerin Angela Merkel erneut die Mitverantwortung der SPD als Regierungspartner und relativierte gleichzeitig wieder die die Verbindlichkeit der Erklärung von Wales: Sie führte aus:

---

[18]Was zur ODA-Quote von 0,7 % des BIP zählt, ergibt sich aus einer Darstellung des Bundesministeriums für wirtschaftliche Zusammenarbeit (https://www.bmz.de/de/ministerium/zahlen_fakten/oda/index.html, Zugriff: 29.06.2018).

> (In Wales) hat sich **die große Koalition insgesamt** dazu verpflichtet, dass wir wie alle anderen Nato-Mitgliedsstaaten **bis 2024** – und jetzt kommt es – unsere **Verteidigungsausgaben in Richtung zwei Prozent entwickeln** wollen (Hervorhebung UvK).[19]

Die übrigen im Bundestag vertretenen Parteien beteiligen sich kaum an der Debatte um das Zwei-Prozent-Ziel. Ihre Wahlprogramme enthielten zwar Aussagen zu den Verteidigungsausgaben, i. d. R. aber ohne explizit auf die zwei Prozent einzugehen. Eine Ausnahme findet man im Programm der Partei Die Linke, in dem das Zwei-Prozent-Ziel dezidiert abgelehnt wurde. Es hieß dort:

> Statt momentan 1,2 Prozent des Bruttoinlandsproduktes pro Jahr für Militärisches auszugeben, fordert die NATO sogar zwei Prozent des BIP. Die Bundesregierung will das größte Aufrüstungsprogramm der vergangenen zwei Jahrzehnte auflegen. … Eine verantwortungsvolle Außenpolitik sieht anders aus: Verantwortung für den Frieden heißt für DIE LINKE, internationale Verantwortung zu übernehmen für ein kooperatives Verhältnis der Staaten und ihrer Bevölkerungen in einer demokratischen Weltgemeinschaft (Die Linke 2017:93).

Bündnis 90/Die Grünen forderten hingegen allgemeiner, die Bundeswehr müsse „VN-fähiger" und „europatauglicher" werden (also auf die Fähigkeiten ausgerichtet, die bei Einsätzen im Rahmen der Vereinten Nationen bzw. der EU benötigt werden), wofür es jedoch keiner Erhöhung des Verteidigungsetats, sondern klarer sicherheitspolitischer Prioritäten bedürfe (Bündnis 90/Die Grünen 2017:87).

Und die FDP positionierte sich ähnlich (FDP 2017:101). Im Wahlprogramm der AfD findet man überhaupt keine Aussage zu den Verteidigungsausgaben (AfD 2017).

[19]Breit angelegte Defizitbeschreibung 2018. Bei einer Frage weicht Merkel aus und betont ihr „wunderbares Amt". Welt Digital vom 14.08.2017 (Hervorhebung UvK). (Zugriff: 20.05.2018).

6 Zur Diskussion der Verteidigungsausgaben nach der Regierungsbildung 2018

Die Auseinandersetzungen um den Verteidigungshaushalt gingen in Deutschland auch nach der schwierigen Regierungsbildung weiter. Im Koalitionsvertrag von CDU, CSU und SPD vom 07.02.1018 war das Thema zwar enthalten, aber wenig präzise. Man wollte die Haushaltsansätze des Einzelplan 14 „angemessen" erhöhen. Und auch die in den Wahlprogrammen der Union und der SPD enthaltene Kopplung von Verteidigungsausgaben und Mitteln der Entwicklungszusammenarbeit wurde in den Vertrag aufgenommen, allerdings „nur" mit der Relation 1:1. Es heißt in dem Dokument:

> Diese Erhöhungen dienen der Schließung von Fähigkeitslücken der Bundeswehr und der Stärkung der europäischen Zusammenarbeit im Verteidigungsbereich wie auch gleichermaßen der Stärkung der zivilen Instrumente der Außenpolitik und Entwicklungszusammenarbeit im Rahmen einer umfassenden gemeinsamen Friedens- und Sicherheitspolitik. Deutschland wird verbindlich mit dieser Haushaltspolitik und der Koppelung von Verteidigungsausgaben und ODA-quotenfähigen Ausgaben **sowohl dem Zielkorridor der Vereinbarungen in der NATO folgen** als auch den internationalen Verpflichtungen zur weiteren Steigerung der ODA-Quote nachkommen, deren beider Absinken bereits 2018 verhindert werden muss (Koalitionsvertrag 2018:6873 ff., Hervorhebung UvK).

Als die neue Bundesregierung dann den Entwurf für den Haushalt 2018 und den 52. Finanzplan für die Jahre 2018–2022 erörterte und am 02.05.2018 beschloss, wurde ein deutlicher Dissens zwischen Finanzminister Olaf Scholz (SPD) und Verteidigungsministerin von der Leyen (CDU) sichtbar. Der vom Finanzminister erstellte Entwurf sah eine Steigerung der Verteidigungsausgaben bis 2022 von 7,5 Mrd. € vor (Schnell 2017:2), die Verteidigungsministerin hatte 12 Mrd. €

U. von Krause, *Das Zwei-Prozent-Ziel der NATO und die Bundeswehr*,
essentials, https://doi.org/10.1007/978-3-658-23413-3_6

gefordert.[1] Damit hätte der Anteil am BIP bis 2022 weiterhin unter 1,3 % gelegen. Für das Erreichen des Zwei-Prozent-Ziels bis 2024 wäre das Vierfache der im Finanzplan ausgewiesenen Steigerungen erforderlich gewesen (Schnell 2017:3 f.). Die Verteidigungsministerin drohte, dass bei zu geringen Finanzen geplante internationale Kooperationsprojekte nicht begonnen werden könnten.[2]

Verteidigungsministerin und Kanzlerin spürten jedoch den weiter andauernden Druck seitens der USA und der NATO. Daher betonten beide auf der Bundeswehrtagung am 14./15.05.2018 die Notwendigkeit von Steigerungen des Verteidigungsbudgets über die im Finanzplan enthaltenen Ansätze hinaus (Riedel 2018).

Die Kanzlerin blieb bei ihrer gewohnten Argumentationslinie, ohne dabei konkret zu werden:

> (Es) kommt … jetzt darauf an, dass wir Kurs halten und verlässlich in unserer Haltung und unseren Überzeugungen sind. Was heißt das? Einmal, dass wir die **Beschlüsse von 2014 nicht so behandeln, als seien sie nie gefasst worden.** Das heißt aber auch, dass wir politisch unser Bekenntnis zu Bündnissen festigen und bekräftigen sollten, ein verlässlicher Bündnispartner zu sein …
>
> Zu Zeiten des Kalten Krieges hat man – ich war nicht dabei, sondern saß auf der anderen Seite des Eisernen Vorhangs oder der Mauer – klaglos in der bundesdeutschen Gesellschaft über 2,3 Prozent des Bruttoinlandsprodukts für Verteidigungsausgaben bereitgestellt. Das war einem die Sicherheit wert. Deshalb liegt die **Forderung,** dass wir irgendwann wieder **zwei Prozent unseres Bruttoinlandsprodukts** in einer auch sehr gefährlichen Welt aufwenden müssen, **nicht völlig außerhalb jedes Vorstellungsvermögens**. Wir haben unter ganz anderen Bedingungen schon einmal über 2,3 Prozent des Bruttoinlandsprodukts ausgegeben.[3]

Demgegenüber wurde die Verteidigungsministerin konkreter, indem sie ein neues „Zwischenziel" für die Steigerung der Verteidigungsausgaben nannte, was de facto bedeutete, dass die Regierung das Zwei-Prozent-Ziel von Wales bis 2024 aufgegeben hatte. Sie erklärte in Ihrer Rede:

---

[1]Von der Leyen will zwölf Milliarden mehr für die Bundeswehr. Zeit Online vom 29.04.2018, https://www.zeit.de/politik/deutschland/2018-04/haushalt-ursula-von-der-leyen-bundeswehr-olaf-scholz-bericht (Zugriff: 06.07.2018).

[2]Unter Druck. In: Stern Nr. 19 vom 03.05.2018, S. 26–30 (30).

[3]Rede von Bundeskanzlerin Angela Merkel vor der Bundeswehrtagung am 14. Mai in Berlin. https://www.bundeskanzlerin.de/Content/DE/Rede/2018/05/2018-05-14-rede-merkel-bundeswehrtagung.html (Hervorhebung UvK, Zugriff: 06.07.2018).

> Wir wollen in der Allianz weiterhin ein verlässlicher Partner bleiben. Dazu gehört selbstverständlich, dass wir unsere in Wales und Warschau bekräftigten NATO-Verpflichtungen erfüllen – wie auch unsere anderen Verbündeten. Wir hatten den Tiefpunkt unserer Verteidigungsausgaben gemessen am BIP in 2015 mit 1,1%. Nächstes Jahr, 2019, werden wir voraussichtlich 1,3% erreichen. Und **zum NATO- Gipfel in Brüssel werden wir anzeigen, dass wir für 2025 einen Anteil der Verteidigungsausgaben am BIP von 1,5%** erreichen wollen.[4]

Dieses ist als ein Schritt zu einer realistischeren Betrachtungsweise zu bewerten, wobei das Zieldatum 2025 vor dem Hintergrund der Zahlen des Finanzplan-Entwurfs immer noch sehr ambitioniert ist. Denn eine Modellrechnung (Schnell 2018:3 f.) zeigt, dass die Ansätze im Entwurf des 52. Finanzplan von 2019 – 2022 um jährlich 2 Mrd. € und anschließend 2023–2024 um 3 Mrd. € erhöht werden müssten, um die Quote von 1,5 % zu erreichen (dabei wird in der Modellrechnung ein nominales Wachstum von jährlich 3 % angenommen). Der Verteidigungshaushalt würde dann ein Volumen von 60 Mrd. € erreichen – wie realistisch das auch immer einzuschätzen ist.

Äußerer Druck durch ständige Hinweise auf das Zwei-Prozent-Ziel und das Festhalten von Kanzlerin und Verteidigungsministerin an ihren „Zusagen" gegenüber den US-Politikern führten dann auch tatsächlich zu einer Nachbesserung der Finanzplanung. Was über Jahre hinweg den letzen Verteidigungsministern nicht gelungen war, wurde jetzt möglich: ein tatsächlicher (für die Haushaltsjahre 2017 und 2018) und ein planerischer Aufwuchs bis 2022. Nach der Verabschiedung des Haushalts 2018 am 05.07.2018, bei dem der Einzelplan 14 ein Volumen von 38,95 Mrd. € hat (inklusive zusätzlicher Mittel für die Besoldungserhöhung), passte das Bundeskabinett auch den 52. Finanzplan an. Anstelle der der zunächst geplanten Erhöhung um 7,5 Mrd. € weist dieser jetzt 11 Mrd. € mehr auf als der 51. Finanzplan. Danach lauten die Planungen für den der Verteidigungshaushalt:

2019: 42,9 Mrd. € (=1,31 % vom BIP),
2020: 42,93 Mrd. € (=1,28 %),
2021: 42,88 Mrd. € (=1,27 %)
2022: 42,93 Mrd. € (=1,23 %).[5]

---

[4]Redetext dokumentiert in Augengeradeaus! Vom 14.04.2018, https://augengeradeaus.net/2018/05/dokumentation-von-der-leyen-bei-bundeswehrtagung-15-prozent-verteidigungsausgaben-2015-geplant/ ((Hervorhebung UvK, Zugriff: 06.07.2018).

[5]Zahlen gem. Augen Geradeaus! vom 03.07.2018. https://augengeradeaus.net/2018/07/planung-bis-2022-steigender-verteidigungshaushalt-sinkende-nato-quote/ (Zugriff: 07.07.2018).

Diese Betrachtung unterstreicht erneut, wie wenig brauchbar die Messgröße Zwei-Prozent vom BIP ist. Denn bei fast gleichbleibendem planerischen Verteidigungshaushalt ergibt sich wegen des guten Wirtschaftswachstums in Deutschland ein nur langsamer Anstieg bzw. dann sogar ein Absinken des Verteidigungsanteils am BIP. Die Anwendung einer unbrauchbaren Kennziffer erzeugt also „Fehlinformationen".

Zwar erhielt Verteidigungsministerin von der Leyen bei einem erneuen Besuch bei US-Verteidigungsminister Mattis am 21.06.2018 „Lob" für die Ankündigung, den Etat bis 2024 um 80 % zu steigern,[6] Aber nur wenig später berichteten die Medien von „Brandbriefen", die US-Präsident Trump an europäische Hauptstädte geschickt habe. Der Focus führt dazu aus:

> An Kanzlerin Angela Merkel (CDU) schrieb Trump laut 'New York Times', es gebe in den USA eine wachsende Frustration. Dass Deutschland nach wie vor zu wenig für Verteidigung ausgebe, schwäche die Sicherheit des Bündnisses. Und es 'bietet anderen Verbündeten die Rechtfertigung, auch ihre Verpflichtungen bei den Militärausgaben nicht erfüllen zu müssen, weil andere Sie als Vorbild ansehen', zitierte die Zeitung aus dem Brief…
>
> Dass die USA trotz der guten Konjunktur in Deutschland mehr für die Verteidigung Europas ausgäben, sei 'für uns nicht mehr tragbar'. Die Frustration wachse nicht nur in der Regierung, sondern auch im Parlament: 'Der Kongress der Vereinigten Staaten ist ebenfalls beunruhigt'.[7]

Es ist davon auszugehen, dass die Fehlinformationen aufgrund der scheinbaren Einfachheit des Kriteriums Zwei-Prozent-Ziel auch weiterhin zu dauerhaftem politischen Druck auf die deutsche Regierung führen werden, um sie zur Erhöhung des Verteidigungshaushalts zu drängen. Dabei stellt sich jedoch die Frage, inwieweit Steigerungen, über die derzeit geplanten, überhaupt sinnvoll umgesetzt werden können. Hierzu soll im folgenden Kapitel – ausgehend vom Zustand der Bundeswehr nach mehr als zwei Jahrzehnten chronischer Unterfinanzierung – die Frage erörtert werden, für was und wie schnell (sehr viel) mehr Geld eingesetzt werden kann, um Verbesserungen für die Bundeswehr zu erreichen.

---

[6]Von der Leyen bekennt sich zur Aufstockung des Verteidigungshaushalts. In Zeit-Online vom 21.06.2018. https://www.zeit.de/politik/ausland/2018-06/verteidigung-mattis-leyen-aufstockung-verteidigungshaushalt (Zugriff: 25.06.2018).

[7]Militärausgaben von zwei Prozent. Trump fordert in Brandbrief mehr Geld für Militär – Europa ziert sich. In: Focus Online vom 03.07.2018. https://www.focus.de/politik/ausland/militaerausgaben-von-zwei-prozent-trump-fordert-in-brandbrief-mehr-geld-fuer-militaer-europa-ziert-sich_id_9199709.html (Zugriff: 03.07.2018).

7 Verbesserungen des Zustands der Bundeswehr durch mehr Geld? – Möglichkeiten und Grenzen

Der Zustand der Bundeswehr ist beklagenswert. In Kap. 4 war bereits darauf hingewiesen worden, dass die Öffentlichkeit nach Berichten der Inspekteure der Teilstreitkräfte im Verteidigungsausschuss 2014 über gravierende Mängel der Einsatzbereitschaft informiert worden war. Diese Misere setzt sich seitdem fort. Der Wehrbeauftragte des Bundestages formulierte in seinem Jahresbericht 2015: „Die Bundeswehr hat von allem zu wenig" (Wehrbeauftragter 2015:10) und beschrieb nachfolgend eine Vielzahl von bestehenden Mängeln, ohne in diesem Bericht prominent auf fehlendes Geld als Ursache einzugehen. Im Jahresbericht 2016 hieß es dann:

> Nach wie vor gilt für die tägliche Truppenpraxis die Erkenntnis des Jahresberichts 2015: Es ist von allem zu wenig da (Wehrbeauftragter 2016:6).

Und dieses Mal sprach der Wehrbeauftragte dezidiert fehlende Haushaltsmittel an. Dabei hob er einerseits – mit Blick auf die Erwartung der Bündnispartner – auf das Zwei-Prozent-Ziel ab, andererseits wies er auch auf die mögliche Problematik einer starken Erhöhung für das Gleichgewicht der militärischen Potenziale in Europa hin. Er formulierte:

> Angesichts der großen Herausforderungen, die von allen Seiten an die Bundeswehr gestellt werden, ist die beschlossene Erhöhung der Ausgaben für die Bundeswehr dringend notwendig. Der über 2017 hinaus geplante Zuwachs bei den Verteidigungsausgaben ist allerdings zu gering, um das Schließen der personellen und materiellen Lücken in der Bundeswehr zu gewährleisten. Hierzu wären zusätzliche Mittel notwendig. …
>
> Das wird auch bei Betrachtung des Verteidigungskostenanteils an der gesamten deutschen Wirtschaftsleistung deutlich. Dieser Anteil ist im Jahr 2016 nach NATO-Kriterien von 1,16 auf 1,18 Prozent gestiegen. Mit 1,22 Prozent für das

U. von Krause, *Das Zwei-Prozent-Ziel der NATO und die Bundeswehr*,
essentials, https://doi.org/10.1007/978-3-658-23413-3_7

> Haushaltsjahr 2017 stimmt nun die Richtung … Nach bisheriger Finanzplanung würde der Anteil der Verteidigungsausgaben nach NATO-Kriterien am Bruttoinlandsprodukt (BIP) ab 2018 wieder auf 1,17 Prozent sinken. Die Bundeskanzlerin hat hierzu in der Haushaltsdebatte im Bundestag auch auf die Erwartung unserer NATO-Partner verwiesen. Gleichwohl stellt sich die Frage, ob der deutsche Beitrag in absoluten Zahlen (zwei Prozent wären heute mehr als 60 Milliarden Euro) signifikant über dem französischen (40 Milliarden Euro; 1,78 Prozent des BIP) oder dem britischen Beitrag (50 Milliarden Euro; 2,21 Prozent) liegen soll (Wehrbeauftragter 2016:8).

Und im Jahresbericht 2017 heißt es lapidar:

> Alle aus den Vorjahren bekannten Probleme der Bundeswehr – die großen Lücken bei Personal und Material und die damit einhergehende übermäßige Belastung vieler Soldatinnen und Soldaten – bestanden im Berichtsjahr fort (Wehrbeauftragter 2017:8).

Die Feststellungen des Wehrbeauftragten hatten jedoch – wie zahlreiche Analysen zuvor – keine unmittelbare Wirkung. Vielmehr verschärften sich die Einsatzbereitschaftsprobleme der Bundeswehr immer mehr. Schlagzeilen wie „Kaputte Truppe“[1], „Panzer fehlen: Bundeswehr hat Probleme, Bündnisaufgaben der Nato zu erfüllen“[2], „Von der Leyens Scheinwelt“[3] oder „Bundeswehr: Einsatzbereitschaft der Waffensysteme bleibt mangelhaft“[4] waren regelmäßig in den Medien zu hören und zu lesen.

Die letzt genannte Schlagzeile in der „Welt“ bezog sich dabei auf einen Mängelbericht des Verteidigungsministeriums vom 26.02.2018 an den Verteidigungsausschuss. Dieser stellte auf über 100 Seiten die Einsatzbereitschaftslage der Waffensysteme der Bundeswehr dar. Der Autor der Welt – wie auch

[1]Kaputte Truppe. In: Zeit Online vom 20.04.2017. https://www.zeit.de/politik/deutschland/2017-04/bundeswehr-bestand-ausruestung-panzer (Zugriff: 07.07.2018).

[2]Die große Bundeswehr-Maskerade: So steht es wirklich um unsere Bundeswehr. In: Focus Online vom 19.02.2018. https://www.focus.de/politik/deutschland/neue-probleme-bekanntgeworden-die-grosse-bundeswehr-maskerade-so-steht-es-wirklich-um-unsere-truppe_id_8481938.html (Zugriff: 07.07.2018).

[3]Ausrüstungsmängel bei der Bundeswehr. Von der Leyens Scheinwelt. In: Spiegel Online vom 19.02.2018. http://www.spiegel.de/politik/deutschland/ursula-von-der-leyen-und-die-ausruestungsmaengel-der-bundeswehr-a-1194278.html (Zugriff: 07.07.2018).

[4]Waffen in der Bundeswehr? Die sind Mangelware“. In: Welt Online vom 26.02.2018. https://www.welt.de/politik/deutschland/article173988237/Bundeswehr-Einsatzbereitschaft-der-Waffensysteme-bleibt-mangelhaft.html (Zugriff: 07.07.2018).

andere Kommentatoren – griff in seiner Bewertung auf Formulierungen wie „verheerend“, „drastisch“, „interne Alarmmeldungen“ oder „dramatisch“ zurück. Demgegenüber relativierte das Ministerium die Mängel durch eine Vielzahl von summarischen Aussagen im Bericht, wie die folgenden Beispiele verdeutlichen:

> Im Berichtszeitraum 2017 hat sich die materielle Einsatzbereitschaft im Vergleich zum letzten Bericht bei der überwiegenden Anzahl an Waffensystemen verstetigt (Bericht Einsatzbereitschaft 2017: 6),

> Unverändert bewahren die Waffensysteme in den Auslandseinsätzen eine weit überdurchschnittliche Einsatzbereitschaft. Sie ist die Grundlage für eine verlässliche Auftragserfüllung und den Schutz der Truppe. Die Bereitstellung erfolgt natürlich zulasten des Grundbetriebs (ebenda:6),

> Insgesamt ist ein positiver Trend der Anzahl der einsatzbereiten Waffensysteme zu verzeichnen, auch wenn bei einzelnen Waffensystemen ein deutliches Absinken der Einsatzbereitschaft im Berichtsjahr festzustellen ist (ebenda:8),

Solche Formulierungen waren nicht nur diffus, sondern sie passten überhaupt nicht zur Realität, wie die Truppe sie täglich erlebte.

Der Bericht wurde auch vom Bundesrechnungshof kritisiert, der dem Verteidigungsministerium vorwarf, über die tatsächlichen Mängel der Waffensysteme nicht hinreichend zu informieren. So würden Systeme als „einsatzbereit“ gezählt, die es nicht sind – z. B. Schiffe, die zwar fahren können, aber keine Munition haben – und so würde die Statistik geschönt (Weise 2018).

Bei allen Relativierungsversuchen des Ministeriums: fast täglich belegen Meldungen, dass die Einsatzbereitschaft der Bundeswehr desolat ist. Und das hat zu einem erheblichen Teil finanzielle Ursachen. Zur Beantwortung der Frage, ob bzw. in welchem Zeitablauf mit (erheblich) mehr Geld die Probleme der Einsatzbereitschaft der Bundeswehr behoben werden können, müssen die Ursachen und Abläufe etwas detaillierter betrachtet werden.

Die langfristigen Folgen der chronischen Unterfinanzierung der Bundeswehr in den letzten zweieinhalb Jahrzehnten haben ihren Niederschlag vorrangig in folgenden vier Bereichen gefunden:

- Verringerung der Personalstärke der Streitkräfte aus finanziellen Gründen auf bis zu 185.000 Soldaten – weit unter die im 2+4-Vertrag vereinbarten Obergrenzen (s. Kap. 4), wobei bei weitem nicht alle Dienstposten besetzt sind,
- Drastische Reduzierung der Stückzahlen der Waffensysteme, weil nicht genügend Geld für den Betrieb zur Verfügung stand,

- Stopp der Ersatzteilbestellung in 2010 wegen fehlender Haushaltsmittel (Gebauer 2014),
- Verzögerungen notwendiger Modernisierung von Systemen und Infrastruktur wegen zu geringer Investitionsmittel.

Insofern war es folgerichtig, dass das Verteidigungsministerium seit 2016 mit sog. Trendwenden („Trendwende Personal", „Trendwende Material", „Trendwende Finanzen"); die Situation nachhaltig zu verbessern versuchte. Dabei bildet die Trendwende Finanzen die Grundlage für die beiden anderen.

Den (damals noch geringen) Aufwuchs des Verteidigungshaushalts 2016 sah Verteidigungsministerin von der Leyen als Beginn der Trendwende Finanzen. In der Haushaltsdebatte erklärte sie dazu:

> Es ist ein guter Verteidigungshaushalt; denn er beschreibt die notwendige, so lang ersehnte Trendwende nach vielen Jahren der Schrumpfkur. Die 34,3 Milliarden Euro erlauben es uns, den Pfad der Modernisierung der Bundeswehr, den wir gemeinsam eingeschlagen haben, weiterzugehen.[5]

Die im vorigen Kapitel dargestellte weitere Verbesserung mit einem Haushalt 2018 von 38,95 Mrd. € und einer Finanzplanung mit einem Aufwuchs auf knapp 43 Mrd.€ in den Folgejahren (s. Kap. 6) gibt dieser Behauptung im Nachhinein Recht.

Die Trendwende Personal war 2016 beschlossen worden. In einem Tagesbefehl vom 10.05.2016 erläutere Verteidigungsministerin von der Leyen über Absicht und Eckdaten. Es hieß in dem Tagesbefehl:

> (D)ie Bundeswehr hat in den letzten gut 25 Jahren einen kontinuierlichen Personalabbau erlebt. Mit Blick auf die Entwicklung der sicherheitspolitischen Lage und die daraus erwachsenden Anforderungen an die Streitkräfte ist nun ein Umdenken und Umlenken erforderlich – hin zu **mehr Flexibilität**. Wir werden uns von den bisher bekannten starren personellen Obergrenzen abwenden müssen. Denn was wir brauchen, ist ein **atmender Personalkörper**, der sich an unseren tatsächlichen Aufgaben orientiert. … Beginnend ab 2017 planen wir mit der Trendwende Personal … die Robustheit zu stärken und neue Fähigkeiten aufzubauen. Die Trendwende umfasst einen prognostizierten Bedarf von rund **14.300 Soldatinnen und Soldaten** sowie rund **4.400** Haushaltsstellen für **zivile Beschäftigte** bis 2023 (Tagesbefehl 2016, Hervorhebung UvK).

[5]Bundestagsplenarprotokoll 18/139 vom 25.11.20175, S. 8, 13672.

Allerdings geht es bei der Trendwende Personal nicht nur um die Besetzung neuer Stellen, sondern vorrangig auch um das Füllen akut bestehender Lücken, die der Wehrbeauftragte 2017 mit 21.000 militärischen Dienstposten oberhalb der Mannschaftsebene quantifiziert hatte (Wehrbeauftragter 2017:21).

Ein derartiger Personalaufwuchs erfordert Zeit. Personal muss auf einem zunehmend angespannten Arbeitsmarkt gewonnen und ausgebildet werden. Hinzu kommt, dass die Attraktivität des Dienstes in der Bundeswehr u. a. durch z. T. mehrjährige Wartezeiten auf Beförderungen (Wehrbeauftragter 2016:14 f.) sowie dringend verbesserungsbedürftigen Unterkünfte leidet (Wehrbeauftragter 2017:48). Zur Abhilfe hat das Verteidigungsministerium ein „Einzelstubenkonzept" entschieden (ebenda) und zahlreiche besoldungsrechtliche Maßnahmen vorgeschlagen, die vor allem finanzielle Verbesserungen zur Personalgewinnung und Personalbindung sowie Verbesserungen im Bereich der Zulagen betreffen (Wehrbeauftragter 2017:21). Damit besteht im Bereich Personal ein hoher Finanzbedarf, und zwar rasch und nicht erst bei Erreichen der neuen Personalzielgröße von 200.000. Insofern ist davon auszugehen, dass selbst bei einem schnellen Aufwuchs des Verteidigungshaushalts alle verfügbaren Mittel für den Bereich Personal dringend benötigt und auch verausgabt werden.

Bei der Trendwende Material liegen die Dinge z. T. anders. Hier waren die vergangenen Jahre u. a. dadurch gekennzeichnet, dass genehmigte Haushaltsmittel in erheblichem Umfang nicht abgeflossen sind. In der letzten Legislaturperiode waren das 2,6 Mrd. €, davon fast 900 Mio. € im Jahr 2017, was einem Anteil von rund 19 % entspricht.[6]

Die Gründe dafür lagen z.T. in Lieferverzögerungen bei der Industrie. Ein Extrembeispiel ist das Transportflugzeug Airbus A400M, das nach Medienberichten rund 1,5 Milliarden Euro teurer als geplant und mehr als elf Jahre zu spät geliefert wird.[7] Ähnliches gilt auch für Infrastrukturvorhaben, bei denen es häufig zu Verzögerungen kommt, u. a., weil die Planungskapazitäten begrenzt sind. Die Dauer von Baumaßnahmen mit einem Volumen von mehr als 2 Mio. € liegt häufig bei 5, z. T. sogar bei bis zu 8 Jahren (Wehrbeauftragter 2016:27).

---

[6]Bundestagsplenarprotokoll 19/45 vom 04.07.2018, S. 4751.

[7]Airbus A400M – ein Militärtransporter mit Imageproblemen. In: Handelsblatt Online vom 04.04.2018. https://www.handelsblatt.com/politik/deutschland/bundeswehr-airbus-a400m-ein-militaertransporter-mit-imageproblemen/21138892.html?ticket=ST-4811535-Of-CkToUG1KTxAnxgzHW4-ap3 (Zugriff: 08.07.2018).

Hinzu kommen auch Probleme im Rüstungsmanagement, die zu den Zeitverzügen und ggf. zu nicht abfließenden Haushaltsmitteln beitragen. Ein Beispiel aus dem Bericht des Wehrbeauftragten 2017:

> Bei fast allen Truppenbesuchen heißt es, dass von der Trendwende Material bisher nichts oder fast nichts zu spüren ist. Das Zieldatum für die Vollausstattung ist auf 2030 festgelegt. Wenn es allerdings zwei Jahre dauert, um die deutsche Rüstungsindustrie überhaupt erst einmal zu beauftragen, 100 gebrauchte LEOPARD-Kampfpanzer, die bereits auf dem Hof der Industrie stehen, im Kampfwert zu steigern, ist das kein Beleg für problembewusstes **Rüstungsmanagement**. Wenn es darüber hinaus bis 2023 dauert, bis diese Panzer vollzählig die Truppe erreicht haben sollen, dann dauert das schlicht zu lange (Wehrbeauftragter 2017:41, Hervorhebung im Original).

Es ist dem Durchschnittsbürger, aber auch Parlamentariern, schwer vermittelbar, dass Minderausgaben am Jahresende gemäß Haushaltsrecht an den Finanzminister zurückfließen müssen, obwohl in anderen Bereichen der Bundeswehr erheblicher Bedarf besteht. Und die Rüstungsplanung kommt dadurch in die paradoxe Situation, dass bewilligte Mittel für fest eingeplante Beschaffungen für den Verteidigungshaushalt „verloren" sind, obwohl in den nächsten Haushaltsjahren die entsprechenden Ausgaben anfallen, ohne dann jedoch eingeplant zu sein. Dieses führt zum Aufbau einer Investitionsbugwelle, die nur durch Kürzen, Strecken und Streichen anderer Vorhaben „aufgelöst" werden kann. Hier steht also das Haushaltsrecht einer Verstetigung der strategischen Ausrichtung der Bundeswehr bei Beschaffungen im Wege (Meiers 2017:17 f.).

Eine spezielle Problematik liegt in der Ersatzteilbeschaffung. Rüstungsgüter sind häufig Unikate, die in kleinen Stückzahlen produziert werden und deren Ersatzteile i. d. R. nicht „off the shelf" zu kaufen sind. Häufig müssen sie nach einer Bestellung erst produziert werden, ggf. erst nach zeitaufwändigen Ausschreibungsverfahren. Dadurch entstehen Zeitverzüge von bis zu drei Jahren zwischen Feststellung eines Bedarfs der Truppe und der Lieferung, wobei der Bedarfsträger und der Bedarfsdecker (also derjenige, der die Beschaffung durchführt), verschiedenen Organisationen angehören. Wenn – wie oben dargestellt – die Ersatzteilbestellung 2010 wegen fehlender Haushaltsmittel gestoppt wurde, dann werden die Folgen einer solchen Maßnahme z. T. erst zwei bis drei Jahre später sichtbar, wenn es zu Einbrüchen in der Einsatzbereitschaft kommt. Bei „zu wenig" Geld werden die Bestellungen also gestoppt, bei „zu viel" Geld wäre das Anlegen größerer Vorräte risikobehaftet, weil modernes Gerät viel Elektronik beinhaltet, deren Ersatzteile nach wenigen Jahren „obsolet" werden können, d. h., sie sind nach Modifikationen der Geräte nicht mehr verwendbar. Für die Ersatzteilbeschaffung ist somit Kontinuität der Verfügbarkeit von Haushaltsmitteln extrem wichtig, um eine gleichmäßige Anschlussversorgung aufrecht zu erhalten.

Aus all diesen Gründen ist es zweifelhaft, ob verfügbare Gelder bei einem zu schnellen Aufwuchs im Haushalt bei Rüstungsinvestitionen, Infrastruktur, aber auch Ersatzteilbeschaffungen im Laufe des Haushaltsjahres abfließen – in der Sprache der Haushälter „zur Kasse gebracht" werden können –, vielmehr drohen bei einem zu raschen Aufwuchs immer wieder Mittelabflussprobleme.

Abhilfe könnte durch mehr Flexibilität im Haushaltsvollzug erreicht werden. Bestehende Instrumente, wie „gegenseitige Deckungsfähigkeit" oder Umschichtungen im Haushalt, setzen voraus, dass genügend „Austausch-Vorhaben" planerisch bis zur „Haushaltsreife" vorbereitet werden, damit sie bei Mittelabflussproblemen rasch beauftragt werden können. Solche Maßnahmen bedürfen i. d. R. ministerieller Entscheidungen, z. T. in Zusammenarbeit mit dem Finanzministerium und dem Haushaltsausschuss. Das führt zu bürokratischen Abstimmungsprozessen.

Über die „klassischen" Instrumente hinaus gibt es im Haushalt 2018 eine Neuerung: das Verteidigungsministerium kann eine „Investitionsrücklage" bilden, in die bis zu 500 Mio. € eingestellt werden können, wenn Mittel für Rüstungsprojekte nicht abgeflossen sind. Dieses Instrument – der Abgeordnete Dr. Tobias Lindner (Bündnis 90/Die Grünen) nannte es spöttisch „von der Leyens Rüstungssparkasse."[8] – ist ein parlamentarisches Novum und wird von einigen Abgeordneten kritisch gesehen. Denn dadurch würden neben der Jährlichkeit weitere Prinzipien des Haushaltsrechts verletzt, nämlich Haushaltsklarheit und -wahrheit. Die Kritiker befürchten einen schleichenden Kontrollverlust des Parlaments und fordern für die Rücklage eine Zweckbindung. Die Mittel dürften dann nur für die Projekte verwendet werden, für die sie bewilligt wurden.[9]

Die vorstehenden Überlegungen unterstreichen: wesentlich wäre in jedem Fall Verlässlichkeit der finanziellen Planung. Diese ist aber nicht gegeben, weil die Ansätze in der Finanzplanung der Regierung erst durch die Haushaltsgesetze der Folgejahre zu „echtem Geld" werden. Sie haben damit nicht mehr Verbindlichkeit als „ein Scheck ohne Unterschrift" (Meiers 2017:18).

[8]Bundestagsplenarprotokoll 19/45 vom 04.07.2018, S. 4747.

[9]Bundestagsplenarprotokoll 19/45 vom 04.07.2018, S. 4742.

8 Fazit: Das Zwei-Prozent-Ziel: unbrauchbares Kriterium mit hoher politischer Wirkung

Die Darstellung von Entstehung und konzeptionellem Hintergrund des Zwei-Prozent-Ziels der NATO (und das damit verknüpfte Zwanzig-Prozent-Ziel) haben gezeigt: die Kenngröße ist zwar derzeit in aller Munde, sie ist jedoch weder verbindlich noch plausibel. Gleichwohl entwickelt sie in den letzten zwei Jahren eine enorme innenpolitische Wirkung in Deutschland.

Seit rund 25 Jahren ist die Bundeswehr chronisch unterfinanziert. Seitdem hatten sieben Verteidigungsminister versucht, das aus dem Gleichgewicht geratene Verhältnis von steigenden Aufgaben, Umfang und Ressourcen der Bundeswehr in eine neue Balance zu bringen – lange Zeit ohne Erfolg. Als Folge dieses Missverhältnisses treten seit Jahren zunehmende Defizite im Fähigkeitsspektrum der Streitkräfte sowie Einbrüche in der Einsatzbereitschaft der Waffensysteme zutage. Zwar erwähnten deutsche Regierungen die Absichtserklärungen des Zwei-Prozent-Ziels in vielen offiziellen Erklärungen, dieses spielte jedoch bis 2016 in der Auseinandersetzung um mehr Mittel für die Bundeswehr keine erkennbare Rolle.

Erst mit dem Drängen der amerikanischen Präsidenten Obama und Trump ist eine deutliche Veränderung der politischen Praxis in Deutschland feststellbar. Die NATO-Erwartung wurde zunehmend in der Argumentation um den Verteidigungshaushalt als Begründung für Forderungen nach Haushaltssteigerungen eingesetzt. Gleichzeitig geriet das Thema in den Wahlkampf 2017. Die dabei formulierte massive Kritik der SPD und der Oppositionsparteien am Zwei-Prozent-Ziel bezogen sich allerdings nur im geringen Maße auf die unplausible Ableitung der Zielmarke. Vorrangig richteten sich die Angriffe auf die unrealistisch hohen Zahlen, wie sie eine tatsächliche Erhöhung auf 2 % (bzw. auf 1,5 %, wie die jüngsten Verlautbarungen der Bundeskanzlerin und Verteidigungsministerin lauten) erfordern würde. Unter dem Druck der US-Regierung scheint die zunächst nur programmatisch erscheinende „Trendwende Finanzen" der Verteidigungsministerin auch in

U. von Krause, *Das Zwei-Prozent-Ziel der NATO und die Bundeswehr*,
essentials, https://doi.org/10.1007/978-3-658-23413-3_8

der Realität eingeleitet zu sein, wie die Haushaltszahlen für 2018 und die Finanzplanung bis 2022 erkennen lassen. Dabei ist diese Trendwende wohl nicht nur auf die Bündniserwartungen zurückzuführen. Auch die öffentliche Wahrnehmung des zunehmend desolaten Zustands der Bundeswehr hat sicher dazu beigetragen. Aber dieser Faktor war in unterschiedlicher Ausprägung in den letzten beiden Jahrzehnten auch schon vorhanden. Es bedurfte also offensichtlich eines zusätzlichen Anstoßes von außen, eines „Katalysators", um Erkenntnis in Handeln umzusetzen.

Inwieweit die Finanzplanzahlen (bzw. darüber hinausgehende Erhöhungen, um 2025 wenigstens die 1,5 % zu erreichen), in den nächsten Jahren in „harte" Haushaltszahlen umgesetzt werden, bleibt allerdings abzuwarten. Es ist aber davon auszugehen, dass der Druck aus dem Bündnis nicht nachlassen, sondern eher steigen wird, wie der NATO-Gipfel in Brüssel am 11./12.07.2018 gezeigt hat. Die unverhohlenen Drohungen von US-Präsident Trump mit Konsequenzen, wenn Länder wie Deutschland nicht mehr für die Verteidigung ausgeben und damit die USA in der Nato entlasten, zeigen, dass das Zwei-Prozent-Ziel „zum beliebten Kampfmittel mutiert" (Kornelius 2018), sowohl außen- als auch innenpolitisch, wie der Wahlkampf 2017 gezeigt hat.

Das ist von der deutschen Regierung wohl verstanden worden. In ihrer Videobotschaft kurz vor dem Brüsseler NATO-Gipfel erklärte Kanzlerin Merkel mit Blick auf solche Drohungen von Trump:

> Wir brauchen die Nato auch im 21. Jahrhundert als Garant für unsere Sicherheit und zwar als transatlantisches Bündnis.[1]

Und nach dem Gipfel stellte sie sich voll hinter die Gipfelerklärung, in der die NATO-Staaten ihr „unerschütterliches Bekenntnis" zu dem in Wales 2014 vereinbarten Ziel, die Verteidigungsausgaben deutlich zu erhöhen, bekräftigt hatten (Hemicker; Stabenow 2018), und erklärte dazu:

> Ich habe für Deutschland deutlich gemacht, dass wir mehr tun müssen und das ja auch seit geraumer Zeit tun – die Trendwende ist längst eingeleitet.[2]

---

[1] „Sind wir Soldaten schuldig": Merkel bekennt sich zu Milliardenplus für Bundeswehr. Focus-Online vom 08.07.2018. https://www.focus.de/politik/deutschland/in-videobotschaft-sind-wir-soldaten-schuldig-merkel-bekennt-sich-zu-milliardenplus-fuer-bundeswehr_id_9223179.html?utm_source=newsletter&utm_medium=email&utm_campaign=newsletter_POLITIK (Zugriff: 08.07.2018).

[2] Nato-Gipfel in Brüssel – „Wir sind gemeinsam stärker". https://www.bundesregierung.de/Content/DE/Reiseberichte/2018-07-11-merkel-nato-gipfel.html (Zugriff: 13.07.2018).

Das Zwei-Prozent-Ziel ist also nicht nur innenpolitisch wirksam. Aufgrund seiner konzeptionellen Schwächen führt es allerdings zu Bewertungen, die das Potenzial haben, den NATO-Zusammenhalt zu gefährden. Von daher wäre es dringend angezeigt, im Bündnis darauf zu drängen, die Verteidigungsanstrengungen eines Landes mehr mit outputorientierten Kriterien zu bewerten, also auf konkrete Beiträge zu den NATO-Fähigkeiten bzw. zum Schließen von Fähigkeitslücken abzuheben, wie in Kap. 3 andiskutiert.

In einem Kommentar zum Brüsseler Gipfel heißt es zutreffend:

> Der US-Präsident hat jedenfalls mit seinem angedrohten Alleingang einen Handlungsdruck bei den Partnern in Europa. erzeugt, dem sich diese kaum entziehen können. Diesen Teil der Bündnissolidarität wird Deutschland – auch im europäischen Sicherheitsinteresse – abliefern müssen. Oder der nächste Nato-Gipfel scheitert wirklich (Möhle 2018).

Was Sie aus diesem *essential* mitnehmen können

- Das Zwei-Prozent-Ziel (2 % vom BIP für die Verteidigung) ist seit 2002 der Versuch, die Lastenteilung in der NATO quantitativ zu definieren. Es wurde 2014 bekräftigt, ist allerdings nicht verbindlich, sondern beinhaltet ein „Bemühensversprechen"
- Seit Ende des Kalten Krieges ist die Bundeswehr wegen der Erwartung der Gesellschaft auf eine „Friedensdividende" chronisch unterfinanziert. Personalkürzungen und massive Einbrüche in der Einsatzbereitschaft sind die Folge
- Die Messgröße Zwei-Prozent-Ziel ist in sich unlogisch und unpräzise. Trotz dieser methodischen Fragwürdigkeit beeinflusste sie seit 2014 die innenpolitischen Debatten in Deutschland erheblich, bis in den Wahlkampf 2017 hinein und auch nach der Regierungsbildung 2018.
- Was sieben Verteidigungsminister seit den 1990er Jahren nicht geschafft haben, wurde 2018 durch Druck aus den USA unter Berufung auf das Zwei-Prozent-Ziel möglich – die Einleitung einer Trendwende in der Finanzierung der deutschen Streitkräfte
- Bei der Steigerung des Verteidigungshaushalts sind allerdings Verlässlichkeit und Stetigkeit geboten. Bei einer zu raschen Erhöhung kann wegen der Komplexität der Abläufe Geld ggf. nicht sinnvoll ausgegeben werden.

U. von Krause, *Das Zwei-Prozent-Ziel der NATO und die Bundeswehr*,
essentials, https://doi.org/10.1007/978-3-658-23413-3

Literatur

AfD 2017: Programm für Deutschland. Wahlprogramm der Alternative für Deutschland für die Wahl zum Deutschen Bundestag am 24.September 2017, http://www.bundestagswahl-bw.de/wahlprogramm_afd_btwahl2017.html (Zugriff: 03.07.2018).

Arnold; Rainer 2017: Weit gefehlt. Das Zwei-Prozent-Ziel für die NATO führt nicht weiter. Internationale Politik und Gesellschaft (IPG-Journal), hrsg. von der Friedrich-Ebert-Stiftung, http://www.ipg-journal.de/rubriken/aussen-und-sicherheitspolitik/artikel/weit-gefehlt-2043/ (Zugriff: 06.06.2018).

Béraud-Sudreau, Lucie; Giegerich, Bastian: Is Nato's 2 per cent target fit for purpose? The defence spending measure is problematic when it comes to assessing military capability. https://www.prospectmagazine.co.uk/world/is-natos-2-per-cent-target-fit-for-purpose (Zugriff: 16.07.2018).

Bericht Einsatzbereitschaft 2017: Bundesministerium der Verteidigung: Bericht zur materiellen Einsatzbereitschaft der Hauptwaffensysteme der Bundeswehr vom 26.02.2018. https://www.dbwv.de/fileadmin/user_upload/Mediabilder/DBwV_Info_Portal/Politik_Verband/2018/Bericht_Einsatzbereitschaft.pdf (Zugriff: 16.07.2018).

BMF 2017: https://www.bundesfinanzministerium.de/Content/DE/Standardartikel/Themen/Oeffentliche_Finanzen/Wirtschafts_und_Finanzdaten/Finanzberichte/Finanzbericht-2017.html (Zugriff: 14.07.2018).

von Bredow, Wilfried 2008: Die Außenpolitik der Bundesrepublik Deutschland. Eine Einführung, 2., aktualisierte Auflage, Wiesbaden (VS Verlag für Sozialwissenschaften.

Bündnis 90/Die Grünen 2017: Zukunft wird aus Mut gemacht. Bundestagswahlprogramm 2017. http://www.bundestagswahl-bw.de/wahlprogramm_gruene_btwahl2017.html (Zugriff: 26.06.2018).

CDU/CSU 2017: Für ein Deutschland, in dem wir gut und gerne leben. Regierungsprogramm 2017-2021. http://www.bundestagswahl-bw.de/wahlprogramm_cdu_btwahl2017.html (Zugriff: 26.06.2018).

Dedeck, Michael 1997: Die Friedensdividende: Enttäuschte Hoffnungen? In. Wissenschaft und Frieden, 1997, Heft 2, http://www.wissenschaft-und-frieden.de/seite.php?artikelID=1223, (Zugriff: 06.06.2018).

Die Linke 2017: Sozial. Gerecht .Frieden. Für alle. Die Zukunft, für die wir kämpfen! http://www.bundestagswahl-bw.de/wahlprogramm_linke_btwahl2017.html (Zugriff: 03.07.2018).

U. von Krause, *Das Zwei-Prozent-Ziel der NATO und die Bundeswehr*,
essentials, https://doi.org/10.1007/978-3-658-23413-3

FDP 2017: Denken wir neu. Das Programm der FDP für die Bundestagswahl 2017 „Schauen wir nicht länger zu“. http://www.bundestagswahl-bw.de/wahlprogramm_fdp_btwahl2017.html (Zugriff: 26.06.2018).

Gebauer, Matthias 2017: Von der Leyens Truppe leistet Offenbarungseid. Spiegel-Online vom 26.09.2014, http://www.spiegel.de/politik/deutschland/bundeswehr-schwere-maengel-bei-ausruestung-a-993530.html (Zugriff: 07.06.2018).

Hemicker, Lorenz; Stabenow, Michael 2018: Abschlusserklärung aus Brüssel. Die wichtigsten Ergebnisse des NATO-Gipfels. FAZ-Online vom 12.07.2018. http://www.faz.net/aktuell/politik/inland/die-wichtigsten-ergebnisse-des-nato-gipfels-15688533.html (Zugriff: 12.07.2018).

Kamp, Karl-Heinz 2016: Verpflichtungen in der NATO. Mehr Geld für die Bundeswehr. Bundesakademie für Sicherheitspolitik. Arbeitspapier Sicherheitspolitik, Nr. 12/2016.

Kalnins, Ojars Erics 2017: Burden Sharing revisited. NATO Parliamentary Assembly Political Committee. Special Report 210 PC 17 E bis, https://www.nato-pa.int/document/2017-burden-sharing-revisited-kalnins-report-210-pc-17-e-bis (Zugriff: 30.06.2018).

Koalitionsvertrag 2017: Ein neuer Aufbruch für Europa Eine neue Dynamik für Deutschland. Ein neuer Zusammenhalt für unser Land. Koalitionsvertrag zwischen CDU, CSU und SPD vom 07.02.2018. https://www.mdr.de/nachrichten/politik/inland/download-koalitionsvertrag-quelle-spd-100.html (Zugriff: 29.06.2018).

Kornelius, Stefan 2018: Wehrausgaben, Panzer, Truppen und Missionen. SZ-Online vom 11.07.2018. http://www.sueddeutsche.de/politik/wehrausgaben-panzer-truppen-und-missionen-1.4046667 (Zugriff: 11.07.2018).

Lahl, Kersten 2017: Das Zwei-Prozent-Ziel als Messlatte? In: Europäische Sicherheit, Strategie & Technik, 66 (2017), Heft 5, S. 21-23.

Major, Claudia 2015: Time to Scrap NATO's 2 Percent Pledge? http://carnegieeurope.eu/strategiceurope/59918 (Zugriff: 30.06.2018).

Meiers, Franz-Josef: Bundeswehr am Wendepunkt. Perspektiven deutscher Außen- und Sicherheitspolitik. Wiesbaden 2017 (Springer VS).

Möhle, Holger 2018: Trump-Tage. Generalanzeiger vom 13.07.2018. S. 2.

Molinari-Stiftung 2014: Was sollten uns Frieden und Sicherheit wert sein? Deutschland und die zwei-Prozent-Vorgabe. In: Newsletter Verteidigung: NV 8 (2014), S. 8-9.

Mölling, Christian 2014: Die Zwei-Prozent-Illusion der Nato. Deutschland sollte das Bündnis zu mehr Effizienz anregen. SWP-Aktuell 54, August 2014.

NATO 2018: Defence Expenditure of NATO Countries (2010-2017). Communique PR/CP(2018)16 vom 15.03.2018. https://www.nato.int/cps/en/natohq/news_152830.htm (Zugriff: 22.05.2018).

Riedel, Donata 2018: 1,5 statt zwei Prozent vom BIP – Von der Leyen setzt sich eigenes NATO-Ausgaben-Ziel. Handelsblatt Online vom 14.05.2018. http://www.handelsblatt.com/politik/deutschland/verteidigungsetat-1-5-statt-zwei-prozent-vom-bip-von-der-leyen-setzt-sich-eigenes-nato-ausgaben-ziel/22066854.html (Zugriff: 08.06.2018).

Schnell, Jürgen 2018: Diskussionsbeitrag zum Verteidigungshaushalt im Finanzplan der Bundesregierung für die Jahre 2019 bis 2022. Vergleiche, Prognosen und Bewertung vom 07.05.2018. https://www.unibw.de/militaeroekonomie/diskussionsbeitrag-zum-52-finanzplan-und-dem-verteidigungshaushalt-2019-bis-2022 (Zugriff: 60.07.2018).

SPD Wahlprogramm 2017: Es ist Zeit für mehr Gerechtigkeit. Unser Regierungsprogamm für Deutschland. http://www.bundestagswahl-bw.de/wahlprogramm_spd_btwahl2017.html (Zugriff: 26.06.2018).

SPD Zukunftsplan 2017. Das moderne Deutschland. Zukunft. Gerechtigkeit. Europa, hrsg. vom SPD-Parteivorstand. https://www.shz.de/deutschland-welt/politik/schulz-verteidigt-seinen-zukunftsplan-gegen-kritiker-id17323266.html (Zugriff: 27.06.2018).

Schulz, Martin 2017: Mein Zukunftsplan. https://martinschulz.de/zukunftsplan/zu-mehr-frieden-in-der-welt-beitragen/ (Zugriff: 20.05.2018).

Tagesbefehl 2016: Die Bundesministerin: Tagesbefehl vom 10. Mai 2016. https://m.bundesregierung.de/Content/DE/_Anlagen/2016/05/2016-05-10-tagesbfehl.pdf?__blob=↖ publicationFile&v=1 (Zugriff: 07.07.2018).

von Krause, Ulf 2013: Die Bundeswehr als Instrument deutscher Außenpolitik. Wiesbaden (Springer VS).

WD Bundestag 2017: Wissenschaftliche Dienste des Deutschen Bundestags: Zur Entstehungsgeschichte und rechtlichen Bindungswirkung der Zwei-Prozent-Zielvorgabe der NATO für den Anteil der nationalen Verteidigungsausgaben am jeweiligen Bruttoinlandsprodukt. Kurzinformation WD 2 – 3000 – 034/17 (21. März 2017). https://www.bundestag.de/blob/505886/.../wd-2-034-17-pdf-data.pdf (Zugriff: 18.07.2018).

Wehrbeauftragter 2015: Jahresbericht 2015 (57. Bericht). Bundestagsdrucksache 18/7250 vom 26.01.2016.

Wehrbeauftragter 2016: Jahresbericht 2016 (58. Bericht). Bundestagsdrucksache 18/10900 vom 24.01.2017.

Wehrbeauftragter 2017: Jahresbericht 2017 (59. Bericht). Bundestagsdrucksache 19/700 vom 20.02.2018.

Weise, Karl 2018: Von der Leyen verschleiert Bundeswehr-Mängel. Bild-Online vom 25.05.2018. https://www.bild.de/bild-plus/politik/inland/bundeswehr/ministerin-verschleiert-bundeswehr-maengel-55810608.bild.html (Zugriff: 07.07.2018).

Weißbuch 1994. Zur Sicherheit der Bundesrepublik Deutschland und zur Lage und Zukunft der Bundeswehr. hrsg. vom Bundesministerium der Verteidigung. Bonn.

Weissbuch 2006. Zur Sicherheitspolitik Deutschlands und zur Zukunft der Bundeswehr, hrsg. vom Bundesministerium der Verteidigung. Berlin.

Weissbuch 2016: Zur Sicherheitspolitik und zur Zukunft der Bundeswehr, hrsg. vom Bundesministerium der Verteidigung. Berlin.

Williams, Phil 2008: The Nunn amendment, burden-sharing and US troops in Europe. https://iiss.tandfonline.com/doi/abs/10.1080/00396338508442214?journalCode=tsur20/Zugriff: 30.06.2018).